MUSEO
ARQUEOLÓGICO NACIONAL

AF070310

TRADUCCIÓN Y CORRECCIÓN DE TEXTOS:
Mª ÁNGELES FERNÁNDEZ BLÁZQUEZ

Reservados todos los derechos. No se permite reproducir, almacenar en sistemas de recuperación de la información ni transmitir alguna parte de esta publicación, cualquiera que sea el medio empleado –electrónico, mecánico, fotocopia, grabación, etc.–, sin el permiso del editor, según la ley 2121/1993 y las normas del Derecho Internacional vigentes en Grecia.

© 2010 EDICIONES KAPÓN

ISBN 978-960-6878-18-3

EDICIONES KAPÓN
Makriyanni 23-27, Atenas 11742, tel. 210 9235098
e-mail: kapon_ed@otenet.gr   www.kaponeditions.gr

MUSEO
ARQUEOLÓGICO NACIONAL

NICOLAOS KALTSÁS
Director del Museo Arquelógico Nacional

LENA PAPÁZOGLU-MANIUDÁKI
Jefe de la Colección de Antigüedades
Prehistóricas, Egipcias y Orientales

ROSA PROSKINITOPÚLU
Jefe de Obras del Trabajado del Metal

ELISABET STASINOPÚLU
Jefe de la Colección de Vasijas y Miniaturas

CRISTINA AVRONIDÁKI
Arqueólogo

ANASTASIA GADOLU
Arqueólogo

GIORGOS KAVVADIAS
Arqueólogo

EVAGELOS VIVLIODÉTIS
Arqueólogo

ELENA ZÓSI
Arqueólogo

EDICIONES KAPÓN

| 6 | INTRODUCCIÓN
NICOLAOS KALTSAS

| 10 | COLECCIÓN PREHISTÓRICA
LENA PAPÁZOGLU-MANIUDÁKI

| 12 | CULTURA NEOLÍTICA

| 13 | EDADES TEMPRANA Y MEDIA DEL BRONCE

| 14 | CULTURA CICLÁDICA

| 18 | EL POBLADO DEL CABO DE THIRAS

| 22 | CULTURA MICÉNICA

| 68 | VASIJAS DE BARRO
ELISABET STASINOPÚLU

| 84 | LAS JOYAS DE ORO
ΕΛΙΣΑΒΕΤ ΣΤΑΣΙΝΟΠΟΥΛΟΥ

| 90 | ESTATUILLAS DE BARRO
CRISTINA AVRONIDÁKI-EVAGELOS VIVLIODÉTIS

32
COLECCIÓN DE ESCULTURAS
NICOLAOS KALTSAS

46
COLECCIÓN DE BRONCE
ROSA PROSKINITOPÚLU

56
COLECCIÓN DE ANTIGÜEDADES EGIPCIAS
LENA PAPÁZOGLU-MANIUDÁKI

62
COLECCIÓN STATHATOS
ELENA ZÓSI

96
EL VIDRIO ANTIGUO
ELISABET KAKARÚGA-STASINOPÚLU

102
COLECCIÓN VLASTÓS-SERPIERIS
ANASTASIA GADOLU-GEORGIOS KAVVADIAS

108
LA COLECCIÓN CHIPRIOTA
NICOLAOS KALTSAS

Introducción

Fundado en 1829, inmediatamente después de la liberación de Grecia y de la creación del Nuevo Estado Griego, el Museo Arqueológico Nacional es el primer museo griego. Su primera sede se situó en Egina, primera capital de Grecia, pero más tarde en 1834, cuando la capital pasó a estar en Atenas, también el Museo Arqueológico se trasladó siendo albergado en diversos edificios. El edificio actual empezó a construirse en 1866 en un terreno donado por E. Tositsa y bajo el patrocinio de la familia Bernardaki, procedente de San Petersburgo. Los planos del edificio fueron diseñados por L. Langue, siendo E. Ziller quien modificó la fachada.

En 1889 el Museo abrió sus puertas al público presentando sus primeras exposiciones permanentes, la de Antigüedades prehistóricas y una gran parte de la Colección de Esculturas. La afluencia de antigüedades procedentes de excavaciones realizadas en toda

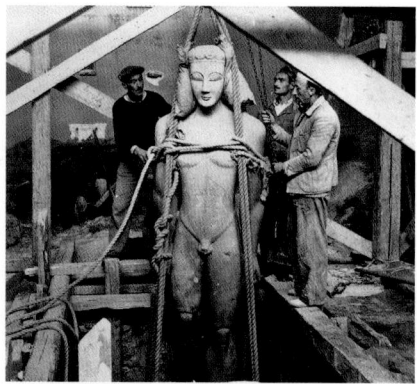

1, 2, 3 Preparación de las esculturas del Museo Nacional para su protección durante la 2a Guerra Mundial.

Grecia continuó hasta mediados del siglo XX aproximadamente. Entre los años 1932 y 1939 fue realizada la ampliación del edificio hacia el este, bajo los planos del arquitecto G. Nomikós. Pero, tras la entrega del edificio, cuando ya estaba dispuesto para recibir las nuevas colecciones, principalmente la de vasijas, fue proclamada la 2ª Guerra Mundial. Esto tuvo como consecuencia la necesidad de proteger los objetos antiguos, metiéndolos en cajas, ante la posibilidad de que Atenas fuera invadida. La invasión y ocupación de Atenas, así como de toda Grecia, tuvo lugar y el edificio del Museo Nacional fue requisado. Hasta el fin de la guerra, es decir desde 1940 hasta 1945, el museo permaneció vacío de antigüedades, mientras que en sus salas fueron instalados varios servicios.

Tras el fin de la guerra el edificio volvió a ser usado como museo, una vez reparados los desperfectos causados durante la ocupación, y desde 1947 hasta 1964 fue realizándose gradualmente la exposición de sus Colecciones.

Esta exposición se mantuvo en vigor hasta 2002 habiéndose realizado pequeños cambios de tiempo en tiempo. En 2002 el Museo Arqueológico Nacional cerró al público para la restauración del edifico que, además de la necesidad de modernizarse, había sido dañado en cierto grado por el gran terremoto de 1999, para ello volvieron a guardarse las antigüedades en cajas y fueron desplazadas de las salas de exposición. Con esta oportunidad se decidió un cambio en la exposición de todas las Colecciones. Las de Prehistoria y Escultura fueron abiertas en 2004, mientras que la de Vasijas y la de Bronce en 2005. En 2008 fueron entregadas las de Stathatos y la de Antigüedades Egipcias.

4 La entrada principal del Museo Arqueológico Nacional de Atenas.

Algunas de las pequeñas Colecciones no habían sido expuestas anteriormente al público por falta de espacio en el Museo. Tras el traslado del Museo Numismático y su instalación en el Ilion Melathron, quedaron vacías ocho salas. En estos espacios fueron expuestos por vez primera las Estatuillas de Barro, la Colección Vlastós-Serpieris, las Joyas de Oro y los Recipientes de Plata, los Recipientes de Vidrio y la Colección Chipriota.

Con los conjuntos citados anteriormente se completaron las exposiciones permanentes, estando ya expuestas todas las Colecciones de obras de todo tipo que representan la totalidad de la cultura griega antigua.

COLECCIÓN PREHISTÓRICA

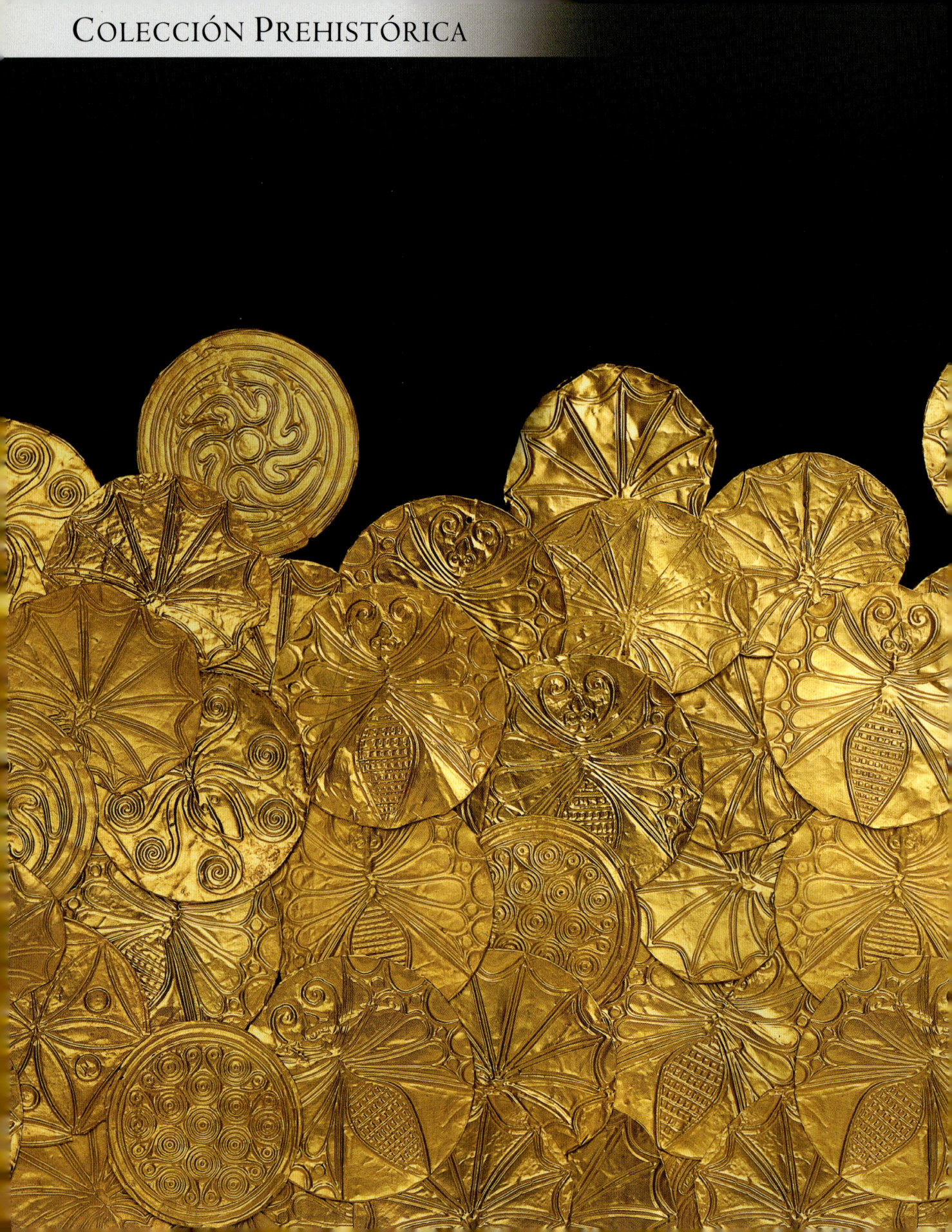

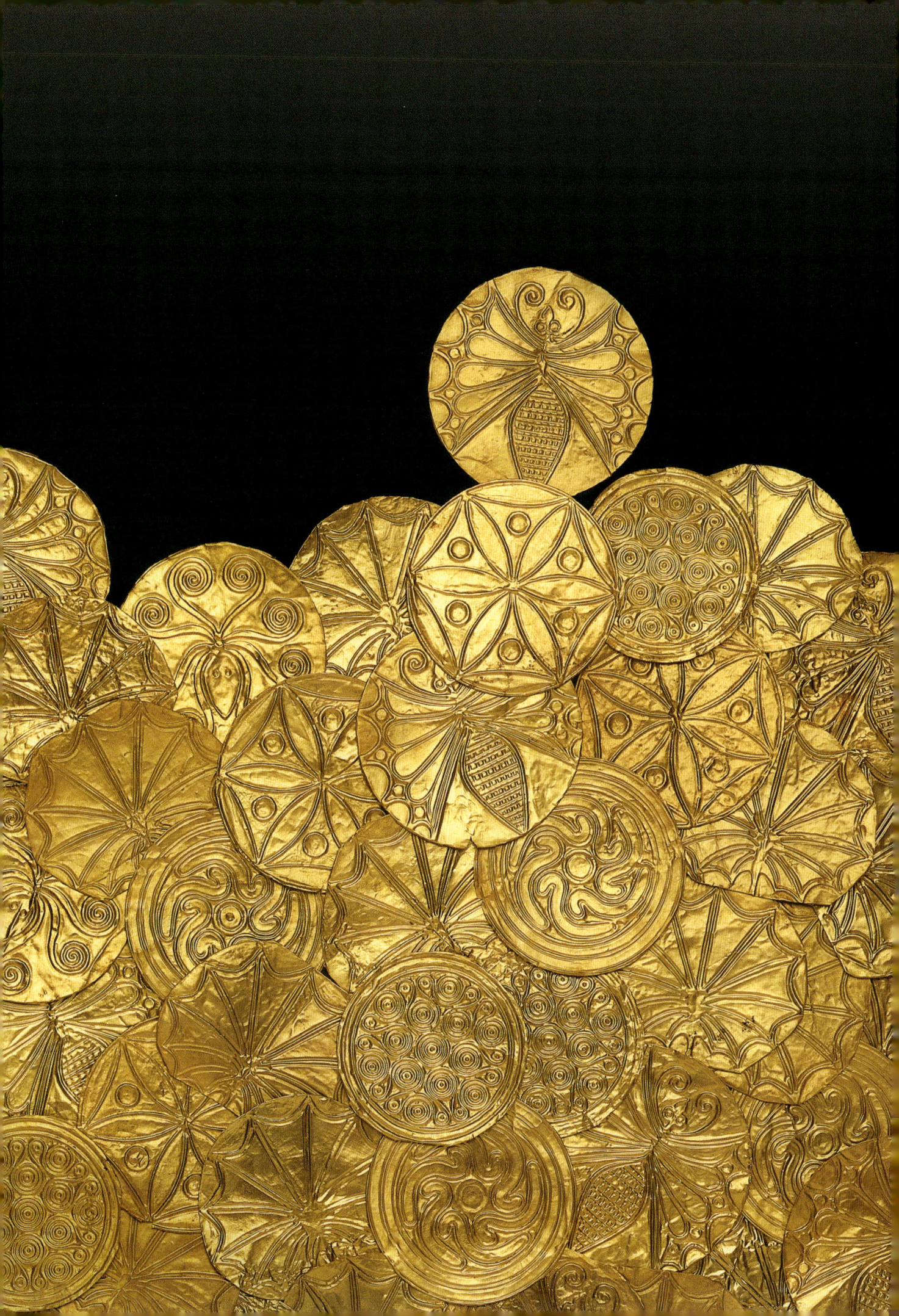

COLECCIÓN PREHISTÓRICA

Salas 3-6, 48

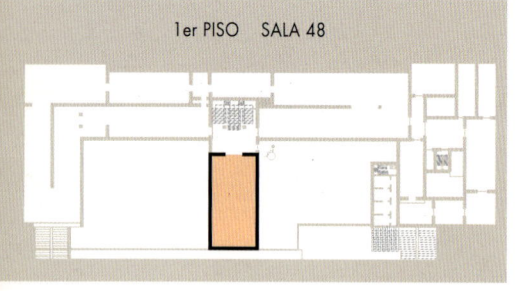

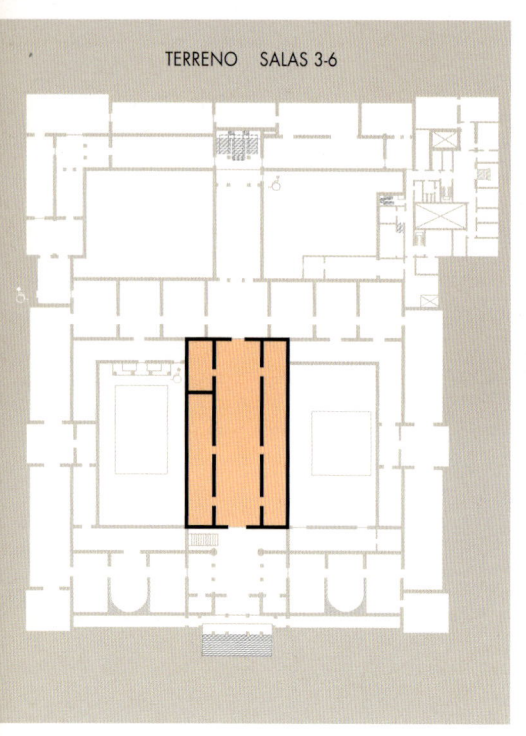

Páginas 8-9
Pequeños discos de oro (p. 23, fig. 37).

La Colección Prehistórica del Museo Arqueológico Nacional fue creada en las últimas décadas del siglo XIX, conteniendo los hallazgos de las grandes excavaciones vanguardistas que dieron a conocer las culturas de la prehistoria griega. Dos personajes se distinguen debido a su pasión que puso las bases a la arqueología de la prehistoria griega. El carismático Enrique Sliman (1822-1890), excavador de "Micenas la rica en oro", de la "amurallada" Tirinto, de Troya y Orhomenos, resucitó el mundo de los Cantos Homéricos ante los asombrados ojos de sus contemporáneos, y demostró la existencia de un mundo mítico, perdido hasta entonces en el territorio de la fantasía poética. Jristos Tsúntas (1857-1934) continuó las excavaciones en Micenas e investigó la tumba abovedada de Bafió de Laconia. Sus investigaciones de excavación en Dimeni y en Sesklo de Tesalia y en las islas Cicladas sacaron a la luz las culturas más antiguas del territorio griego, la Neolítica desde el 7º hasta el 4º milenio a.C. y la Cicládica del 3er milenio a.C. Fue el investigador disciplinado y creativo que dejó tras de sí una importante obra científica.

La primera presentación organizada de los tesoros micénicos se realizó en el Politécnico en 1880 bajo los auspicios de la Sociedad Arqueológica y la supervisión de

Panagiótis Stamatákis, quien también supervisó las excavaciones de Sliman en Micenas. En 1891, por un decreto especial se ordena la fundación de "la colección de antigüedades del llamado arte prehelénico, dentro del Museo Nacional". Durante el 1892 las antigüedades son trasladadas al Museo Arqueológico Nacional y el mismo año Sofía Sliman, viuda de Enrique Slíman, dona al Museo su colección personal de antigüedades de Troya. La nueva exposición es organizada por Panagiótis Kavvadías (1850-1928) que se cuida de la decoración al fresco de la "Sala Micénica" con temas de arte micénico diseñados por el arquitecto G. Kawerau. Jristos Tsúntas fue sustancialmente el éforo de la Colección Prehistórica entre los años 1896-1904 y se cuidó de registrar las antigüedades en el índice de la Colección y de la exposición de los hallazgos de sus excavaciones posteriores, como la de las Cícladas.

Desde finales del s. XIX y durante el XX las excavaciones de arqueólogos griegos y extranjeros continuaron enriqueciendo la Colección con importantes antigüedades de Poliojne de Lemnos o de Filakopí de Milos, de Ática, de la Argólida o de Tesalia. En el palacio de Néstor en Pilos, las excavaciones de C.W.Blegen en 1939, descubren el mayor archivo de tablillas de escritura Lineal B, la primera escritura griega. Durante la década de 1970, los frescos del Centro Religioso de Micenas, la excavación de G. Milonás y del Cabo de Thiras, la excavación de Sp. Marinátos, constituyen los últimos conjuntos de excavación que se incluyen en su colección permanente, la cual permanece siendo mundialmente la más rica e importante en su clase.

| 1 | Cabo de Thiras, el poblado enterrado bajo la ceniza volcánica tras la erupción del volcán. "La Pompeya" del Egeo. Ala oriental, sector D. S. XVI a.C. | 2 | La acrópolis de Micenas. En la cima se distingue el palacio y más abajo el Círculo de Tumbas A, con las tumbas reales y las murallas ciclópeas. Fuera de la acrópolis la tumba abovedada llamada "de Egisto". 1250 a.C. | 3 | Representación de la Puerta de los Leones en la acrópolis de Micenas antes del comienzo de las excavaciones, del libro "Views in Greece from drawings" de Edward Dodwell (Londres 1830). Se distinguen las murallas ciclópeas y el relieve de los leones que guardan la, visible en parte, puerta. | 4 | Tablilla de barro con escritura Lineal B. Con caracteres silábicos se registran tres series de utensilios de cocina, como se ve en los ideógramas correspondientes: fiale (pi-je-ra), trípode (ti-ri-po). Del archivo del palacio de Pilos. S. XIII a.C. (Ta 709). |

CULTURA NEOLÍTICA

Sala 5

La Edad Neolítica señala la transición entre el modo de vida de la Edad Paleolítica, en la que el hombre era recolector de alimentos y cazador, y el tipo de vida productivo, el del agricultor y ganadero. Una verdadera revolución que cambia completamente la vida de los hombres. La Edad Neolítica en el territorio griego se divide en cinco fases, la Pre-alfarera (6800-6500 a.C.), durante la cual aún no existen vasijas de barro, la Inicial (6500-5800 a.C.), la Media (5800-5300 a.C.), la Nueva (5300-4500 a.C.) y el Neolítico Final o Calcolítico (4500-3300 a.C.) que cubren un espacio de más de tres milenios.

El cultivo de la tierra y la domesticación de los animales crean condiciones de relativa seguridad y prosperidad que llevan al desarrollo de nuevas instituciones como la propiedad y la especialización en el trabajo. Poblados permanentes, con una elemental disposición arquitectónica y urbana, fueron creados en todo el territorio griego, entre ellos algunos importantes como Sesklo y Dimeni, en la rica llanura de Tesalia, que están delimitados por muros de piedra. En la misma época se apunta el inicio de la navegación por el Egeo.

Artísticas vasijas hechas a mano con decoración pintada y herramientas de piedra u óseas bien trabajadas, tejidos y recipientes de paja son usados en la vida cotidiana.

Las estatuillas femeninas de barro o piedra, esquemáticas o fisiócratas, con las enfáticas características del sexo, alaban a la mujer como fuente de vida y dan una idea de las creencias del hombre neolítico. Las joyas de piedra o concha cubren la perpetua necesidad del hombre de embellecerse. Hacia finales de la Edad Neolítica comienza la elaboración de los metales, principalmente del oro, que proviene de depósitos fluviales y que se usan para la construcción de joyas.

EDADES TEMPRANA Y MEDIA DEL BRONCE Sala 5

Durante la Edad Temprana del Bronce (3300-2000 a.C.) la propagación de los metales, el desarrollo de la navegación y los intercambios comerciales conducen a un estallido cultural. Se forman peculiares unidades culturales en la Grecia continental (edad Protoheládica), en las Cícladas (edad Protocicládica) y en el Egeo nororiental, donde se desarrollan centros pre-urbanos en Poliojne de Lemnos y en Troya de Asia Menor. Su situación geográfica, cerca del estrecho del Helesponto que unía el Egeo con las zonas del Puente Euxino que eran ricas en metales, fue determinante para el desarrollo de los grandes centros de trabajado del metal.

El poblado de Poliojne dispone de una organizada estructura urbana, con una red de calles y plazas empedradas, pozos públicos para la provisión del agua y sistema de desagüe. La construcción de grandes edificios públicos y el uso de sellos nos ofrecen elementos adicionales sobre la existencia de una forma de administración central que controlaba la economía. Un conjunto de joyas de oro y de plata, el llamado "tesoro de Poliojne", ofrece una importante información sobre el alto nivel del trabajado de los metales y de la influencia mutua con las culturas de Asia Menor, del

8

9 10

11

5 La mayor estatuilla de hombre conocida, de la Edad Neolítica, "el pensador". De Karditsa. 4500-3300 a.C. (núm. 5894).

6 Vasija de barro con decoración pintada. El que la vasija se encontrara en un edificio en el centro de la acrópolis muestra su importancia. De Dimeni. 5300-4800 a.C. (núm. 5922).

7 Estatuilla de mujer con un niño de pecho en brazos, conocida como "Kurotrofos" (ama de cria). De Sesklo. 4800-4500 a.C. (núm. 5937).

8 Estatuilla femenina de mármol que quizás represente a una sacerdotisa o a una diosa. Lleva hendiduras en los hombros. De Esparta. 6500-5800 a.C. (núm. 3928).

9 Alfiler de oro con aves acuáticas en la cabeza. Del "tesoro" de Poliojne de Lemnos. 2500-2200 a.C. (núm. 7185).

10 Artísticos pendientes de oro, característicos del arte del Egeo nororiental. Del "tesoro" de Poliojne de Lemnos. 2500-2200 a.C. (núm. 7159).

11 Gran tinaja para el almacenado de los alimentos de una casa, con representación grabada de un perro, el amigo fiel y guardián del hombre. Detalle en fotografia superpuesta. De Askitario en Rafina de Ática. 2500-2100 a.C. (núm. 8902).

Cáucaso y de Mesopotamia. El desarrollo de nuevas técnicas, la producción masiva, la acumulación de riquezas y la existencia de jerarquía social son varias de las características de esta época.

Los "tesoros" de Troya con joyas de oro y recipientes de metal son de este periodo mientras que, elementos comunes de los dos lugares, se presentan también en la cerámica y el modelado de figuras.

En la Grecia continental protoheládica se encuentran centros importantes en la isla de Egina, en Lerna de Argólida, en Tebas y en Orhomenos de Beocia. Centros menores con posibilidad de elaboración de metales, como Rafina de Ática, se desarrollan durante la última fase de la Edad Temprana del Bronce.

Los desplazamientos de las poblaciones y la destrucción de los poblados hacia finales del periodo, provocan en principio un retroceso cultural durante la Edad Media del Bronce (2000-1600 a.C.) que tradicionalmente se relaciona con la instalación de las tribus griegas. Desde mediados de este periodo los poblados se desarrollan en Grecia continental en puntos estratégicos, con talleres de trabajado del metal y alfarería. La conformación de una clase social de liderazgo, la influencia de la cultura Minoica, la expansión de nuevas ideas y técnicas traen cambios radicales que conducen a la cultura Micénica

CULTURA CICLADICA Sala 6

En las islas Cícladas durante el periodo Protocicládico (3200-2000 a.C.) se desarrolla una peculiar cultura indígena que está manifestada por las estatuillas de mármol cicládicas. Sus formas abstractas emanan un intenso misterio y sirven de inspiración a los artistas del s. XX, por lo que han llegado a ser muy cotizadas en el mercado ilegal de antigüedades. Las estatuillas se encuentran principalmente en tumbas, siendo figuras arquetípicas normalmente de mujeres. Las figuras masculinas, menores en cantidad, muestran a menudo músicos o cazadores. En algunas de las estatuillas se conserva el color con que se expresaban las facciones de la cara. El artista se expresa creando estatuillas de pequeño tamaño, siendo escasas las que tienen casi tamaño normal que llega al 1,50 m. El estudio de sus características llevó a la identificación de diversas técnicas y a atribuirlas a grandes escultores de las Cícladas de aquella época, anónimos para nosotros. Evidentemente las estatuillas tenían un importante lugar en la creencia religiosa y en el hacer de los habitantes de las Cícladas. Vasijas de piedra de diversas formas, como las llamadas candiles, los kilix y las "paletas" estaban hechas de mármol de Paros o de Naxos. Las vasijas de barro llevan adornos pintados, garbados o impresos y se crean recipientes plásticos en forma de animal.

Muestras de las naves cicládicas de muchos remos están representadas grabadas

12 A este peculiar recipiente se le llama convencionalmente δέπας αμφικύπελλο (copa doble). El nombre proviene de la *Iliada* de Homero y fue otorgado a este tipo de vasija por el excavador Enrique Sliman. De Troya, donación de Sofia Sliman. 2500-2200 a.C. (núm. 4452, 4400).	13 Recipientes de barro con características humanas, posiblemente fueran para uso ceremonial. Las características de la cara están moldeadas, así como las del sexo femenino. De Troya, donación de Sofia Sliman. 2500-2200 a.C. (núm. 667, 4438).	14 Estatuilla de mármol de figura masculina sentada que está tocando la lira o el arpa. Es una de las obras más bellas y más conocidas de la cultura Cicládica. El artístico asiento-trono con respaldo alto ayuda a la expresión tridimensional de la figura. De Kéros. 2800-2300 a.C. (núm. 3908).

15 Estatuilla de mármol de figura masculina de pie, de un músico que toca una flauta doble. El flautista y el arpista se supone que provienen de la misma tumba encontrada en la isla de Kéros, deshabitada hoy en día pero importante para la vida de los habitantes de las Cicladas en la Edad Temprana del Bronce. De Kéros. 2800-2300 a.C. (núm. 3910).

16 Estatua de mármol, imagen de una deidad femenina. Es la mayor obra de modelado de las Cícladas, de las hasta ahora conocidas, que se conserva entera. La figura está representada completamente de frente, con una ligera inclinación de la cabeza hacia la derecha. De Amorgós. 2800-2300 a.C. (núm. 3978).

17 Estatuilla esquemática de mármol con cuerpo plano en forma de violín. En la base del alto cuello dos hendiduras a modo de collares. Los dos orificios en el cuello manifiestan que se había separado y vuelto a pegar en la antigüedad. De Kímolos. 3200-2800 a.C. (núm. 3937).

sobre raros recipientes de barro "en forma de sartén" y suponen testigos irrefutables de la marinería de los habitantes de las Cícladas. La obsidiana de Milos, roca volcánica de color negro y brillante, adecuada para la fabricación de herramientas y armas, se expande por todo el terreno griego. Recipientes y estatuillas de tipo cicladítico fueron encontrados en poblados costeros protoheládicos, principalmente en Ática y Eubea. Durante el Cicládico Medio (2000-1600 a.C.), en las Cícladas se desarrollan importantes poblados costeros que sufren la influencia de la Creta minoica en todos los sectores, desde la arquitectura y los recipientes de la vida cotidiana hasta la creación artística y la adopción de la escritura, aunque también mantienen relación con la Grecia continental. El poblado de Filakopí de Milos se convierte durante la Edad Tardía del Bronce (1600-1100 a.C.) en un centro administrativo organizado que está rodeado de murallas y usa archivos escritos en la escritura Lineal A, la escritura de Creta. Los frescos que representan temas fisiocráticos o ceremonias religiosas y la alfarería, con temas vegetales o espirales, están inspirados en los modelos minoicos, aunque el especial espíritu cicládico y la tradición permanecen vivos. Desde 1450 a.C. Filakopí entra en la esfera de la influencia de los miceneos y continúa floreciendo hasta el final de la cultura Micénica.

18 Vasija-"candil" de mármol. Se trata de la forma más popular de entre las vasijas cicládicas, que aparecen tanto en mármol como en barro. De Paros. 3200-2800 a.C. (núm. 4763).

19 Estatuilla de mármol de figura masculina de pie. De Amorgós. 2300-2000 a.C. (núm. 3911).

20 Cabeza de mármol de una estatua. La nariz, la boca y las orejas están modeladas, mientras que los grandes ojos están pintados. Causan impresión las líneas verticales dibujadas en las mejillas, que posiblemente fueran realizadas durante alguna ceremonia especial. De Amorgós. 2800-2300 a.C. (núm. 3909).

21. Recipiente de barro en forma de animal que lleva una copa, quizás represente un osito o un puerco espín. El cuerpo lleva decoración pintada. Es una de las pocas vasijas modeladas en forma de animal de las Cícladas, que parece que tenía uso ceremonial. De Jalandrianí de Siros. 2800-2300 a.C. (núm. 6176).

22. Recipiente de barro "en forma de satén" con representación grabada de un barco con múltiples remos y espirales que representan las olas marinas. Según vemos en representaciones similares, parece que los barcos protocicládicos tenían proa alta, a veces popa alta, mientras que no tenían velas. De Jalandrianí de Siros. 2800-2300 a.C. (núm. 4974).

23. Pixis con tapa de esteatita gris verdoso, copia de una casa. Pertenece a la poco numerosa categoría de pixis que representan pequeñas casas, santuarios o despensas. Se apoya en cuatro patas y está decorado con espirales. Los orificios en el cuerpo servían para sujetar la tapa. De Naxos. 2800-2300 a.C. (núm. 5358).

24. Sección de fresco con representación de golondrinas de mar con las aletas abiertas en un paisaje marino. Esta vivaz representación del mundo marino decoraba, como friso, una habitación de un conjunto con uso religioso. De Filakopí de Milos. S. XVI a.C. (núm. 5844).

EL POBLADO DEL CABO DE THIRAS

Sala 48

Hacia el 1600 a.C., cuando el palacio de Knosós se encontraba en el apogeo de su florecimiento y las tumbas reales de Micenas, ricas en objetos funerarios, ponen las bases del mito de la Micenas rica en oro, una tragedia sin par conmueve al Egeo. En principio, el poblado del Cabo de Thiras sufre fuertes terremotos y finalmente, la erupción del volcán cubre el poblado de ceniza volcánica hasta una altura de 40 m. Una parte de la isla se sumerge creando la gran caldera volcánica mientras que el maremoto llega hasta Creta. Las peculiares circunstancias de la catástrofe conservaron el poblado en extraordinarias condiciones, por lo que es llamada la "Pompeya" del Egeo.

El poblado urbano del Cabo dispone de edificios de varias plantas, con piedra tallada en las paredes exteriores y diseño urbanístico. La excelente conservación de los frescos hizo posible la identificación de diversos artistas, que nos dan una imagen inesperadamente viva de la época, y que siguen la tradición cicládica bajo la influencia de la Creta minoica. Están representadas ceremonias religiosas, campañas navales y temas de la naturaleza que impresionan por la originalidad de los temas, la libertad del bosquejo, la representación de las figuras y la riqueza de los colores. Los mundos vegetal, animal

25 Sección del fresco de la Primavera en el lugar en que se encontró (Habitación D2). En el suelo se distinguen diversos utensilios domésticos y el molde de escayola de una cama. El fresco decoraba tres paredes de la misma habitación y se conserva casi intacto. Del Cabo de Thiras. S. XVI a.C.

26 Detalle de jarra de barro con representación de delfines que nadan. Las líneas curvas expresan el mar. Del Cabo de Thiras. S. XVI a.C. (núm. 1515).

27 Detalle de jarra con representación de aves, muestra de la alfarería multicolor de Thiras. Del Cabo de Thiras. S. XVI a.C. (núm. 1838).

28 Detalle de kimbe de barro con representación de cabras montesas que corren en un paisaje frondoso. En la cara posterior hay delfines que nadan en el mar. La decoración compagina el mundo de tierra y el del mar creando imágenes fisiócratas. Del Cabo de Thiras. S. XVI a.C. (núm. 3266).

y marino están expresados también con viveza en la multicolor cerámica local. La ceniza volcánica permitió la conservación de la impresión de recipientes de paja o moldes de muebles de madera, que se recuperaron gracias al método del vertido de escayola en los huecos que dejó el objeto en la ceniza volcánica cuando se descompuso. Recipientes de piedra, herramientas y armas de bronce, pesos de balanza de plomo y recipientes culinarios de barro, dan la medida de las actividades de los habitantes y descubren su alto nivel de vida hasta la víspera de la catástrofe.

29 Pixis-filtro, recipientes característicos de la alfarería de Thiras. Uno de ellos tiene tapa y asa. Llevan rica decoración con temas vegetales, inspirados en los frescos de su tiempo, como los lirios y flores de azafrán, así como espirales continuas. Los temas están representados en color blanco en fondo oscuro o con rojo acastañado sobre el color claro de la superficie de la vasija. Los pixis-filtro son recipientes especiales con el filtro (colador) incorporado en el cuerpo, y parece ser que se usaban para la fabricación de esencias en talleres especiales. Del Cabo de Thiras. S. XVI a.C. (núm. 2650, 1378, 562).

30 Jarras-mama con boca en forma de pico. Su forma se hace eco del cuerpo femenino con mamas moldeadas acentuadas con color, mientras que en el cuello se distinguen collares dibujados. La boca tiene forma de pico de ave. Recipientes de Thiras para uso ceremonial. Del Cabo de Thiras. S. XVI a.C. (núm. 877, 1179).

La técnica de los frescos

Los muros de piedra se cubren con arcilla reforzada con paja. En esta base se extienden capas de argamasa y a continuación sucesivas capas finas de barniz. Con un hilo y una herramienta puntiaguda, el artista imprimía en el barniz fresco el boceto de la representación usando para su pintura colores minerales, a menudo contenían hierro (rojo oscuro) u ocre amarillo, así como artificiales de pirita con óxidos de cobre y calcio (azul claro). La realización de la obra se hacía sobre argamasa líquida, hecho que contribuía a la conservación de los colores.

31 | Fresco de los boxeadores. Dos adolescentes, desnudos, con cinturón en la cintura y guantes de boxeo. Su piel oscura declara que pertenecen al sexo masculino. El muchacho de la izquierda destaca por su postura comedida, lleva joyas, collar, tobillera y muñequera, elementos que muestran su alta clase social. (núm. BE 1974.26).

32 | En la misma habitación que el fresco de los Boxeadores se encuentran los frescos de los Antílopes, obra del mismo artista y que se destaca por su sencillez y la austeridad del diseño, así como la vivacidad de las figuras. Del Cabo de Thiras, Habitación B1 del Edificio B (núm. BE 1974.26).

33 | Fresco de la Primavera. Es el único fresco que se encontró casi intacto, en su lugar, decorando tres paredes de la misma habitación. Está representado un lugar rocoso de Thiras antes de la erupción del volcán. Las cimas y las laderas de las rocas están cubiertas por lirios en flor con estambres amarillos. Los lirios brotan de tres en tres por entre las rocas volcánicas de color rojo o gris. Las golondrinas, juguetonas, llenas de vida, solas o en parejas que coquetean en el aire, dan movimiento al paisaje y simbólicamente representan el renacimiento de la naturaleza (núm. BE 1974.29).

CULTURA MICÉNICA

Sala 3, 4

La cultura Micénica (1600-1100 a.C.), que fue llamada así por razón de su mayor centro, Micenas del Peloponeso, se desarrolla en todo el territorio griego. Sus transmisores fueron los griegos miceneos, a los que Homero llama aqueos en sus poemas épicos, la *Iliada* y la *Odisea*. El comienzo de la cultura Micénica está señalado por la subida al poder de grupos líderes de guerreros y el desarrollo de relaciones con la ya avanzada cultura Minoica de Creta. En el s. XVI a.C. las tumbas reales en forma de fosa de Micenas (Círculos de Tumbas A y B) con sus ricos objetos funerarios, símbolos de posición social y dignidad, ofrecen una impresionante imagen de acumulación de riquezas en manos de los soberanos de la Micenas rica en oro. Los artísticos recipientes y ritones que provienen de Creta, una copia de ciervo de plata de los hititas de Asia Menor y collares de electro del Báltico dan la medida de las múltiples relaciones de un poder ascendiente. El carro, como medio de transporte para la guerra y la caza, está representado en estelas funerarias de piedra de Micenas. Las monumentales tumbas abovedadas de la clase dirigente durante el s. XV a.C. testimonian el creciente poder de Micenas, así como la existencia de otros centros importantes, como Vafió en la zona de Esparta o Volos en la zona de la mítica Yolkos de Tesalia, patria de los Argonautas.

34

34 Impresionante diadema de oro decorada con rosetas impresas y finas hojas adaptadas en la parte superior. En la misma tumba, la llamada "de las mujeres", fue encontrada una segunda diadema de grandes dimensiones, evidentemente para uso funerario. De Micenas, Círculo de Tumbas A, Tumba III. S. XVI a.C. (núm. 1).

35 Lámina circuncisa de oro en forma de santuario de tres partes coronada por cuernos ofertorios, sobre los cuales se han posado aves. La lámina representa los conocidos santuarios minoicos con su distribución tripartita y la sección central elevada. De Micenas. Círculo de Tumbas A, Tumba III. S. XVI a.C. (núm. 26).

36 Alfiler de plata con cabeza de oro: una deidad femenina, con el pecho descubierto, está rodeada de flores de papiro. Es impresionante la representación de la diosa de la vegetación en este alfiler, que posiblemente adornara algún artístico peinado, como podemos ver en los frescos de Thiras. De Micenas. Círculo de Tumbas A, Tumba III. S. XVI a.C. (núm. 75).

37. Numerosos pequeños discos de oro con decoración impresa de espirales, pulpos, hojas, remolinos y rosetas. Parece ser que estaban cosidos a las lujosas vestiduras de las mujeres difuntas, como muestran los orificios que se distinguen en su contorno. De Micenas. Círculo de Tumbas A, Tumba III. S. XVI a.C. (núm. 4-20).

38. Lámina circuncisa de oro en forma de diosa desnuda con aves. La desnudez es rara en el mundo micénico-cretense, teniendo influencias orientales este tipo de diosa desnuda. También las aves muestran la presencia de la deidad. De Micenas. Círculo de Tumbas A, Tumba III. S. XVI a.C. (núm. 27).

COLECCIÓN PREHISTÓRICA 23

En los siglos XIV y XIII a.C. grandes palacios de Micenas, Tirinto y Pilos en el Peloponeso o Tebas en Beocia, son los centros administrativos, económicos, militares y religiosos de una amplia región. Los archivos se mantienen en tablillas de barro escritas en escritura Lineal B, la primera escritura griega. Las acrópolis están rodeadas por potentes murallas ciclópeas, hechas con grandes bloques de piedra. En la acrópolis de Micenas la imponente Puerta de los Leones impresiona con su voluminoso dintel y el famoso relieve: dos leones enfrentados a derecha e izquierda de una columna que simboliza el palacio. La entrada monumental conduce al palacio y al centro religioso, los dos decorados con frescos, a los talleres de los artistas y a los almacenes. La fuente subterránea de la acrópolis, accesible por una escalera de piedra y cubierta por un muro ciclópeo, aseguraba el abastecimiento de agua.

El palacio tiene el control del comercio organizado, principalmente con centros similares de Oriente. Barcos sobrecargados atraviesan el Egeo transportando materias primas, como talentos de bronce o masa de vidrio, marfil o cuernos de hipopótamo, piedras semipreciosas y fayenza, para su elaboración en los talleres del palacio. Los artesanos

39 Estela funeraria de frágil piedra caliza con representación de carro, la representación más antigua de un carro en territorio griego. El carro fue por excelencia el medio de transporte de los soberanos miceneos, tanto en la guerra como en la caza. De Micenas. Círculo de Tumbas A, Tumba V. S. XVI a.C. (núm. 1428).

40 El famoso puñal de bronce con escena de la caza leones por hombres bien armados. Es una excelente muestra de la técnica de impresión llamada "dibujo en metal". Láminas circuncisas de oro y de plata se colocaban en la hoja, usando una aleación de metales para unirlas. De Micenas. Círculo de Tumbas A, Tumba IV. S. XVI a.C. (núm. 394).

41 Sello de oro con representación en relieve de la lucha entre un hombre y un león. De Micenas. Círculo de Tumbas A, Tumba III. S. XVI a.C. (núm. 33).

42 Sello de oro con representación de un león herido por una flecha en un paisaje rocoso. De Micenas. Círculo de Tumbas A, Tumba III. S. XVI a.C. (núm. 34).

| 43 | Máscara funeraria de oro, con la imponente figura de un hombre con barba, conocida con el nombre convencional "máscara de Agamenón". Los orificios en la zona de las orejas muestran que la máscara se sujetaba a la cara con la ayuda de un hilo. De Micenas. Círculo de Tumbas A, Tumba V. S. XVI a.C. (núm. 624). | 44 | Sección de espada de bronce con empuñadura recargada que termina en cabezas de águilas o grifos. Está decorada con separaciones escamadas de oro e impresiones de lazurita. Armas artísticamente adornadas eran ofrendas fúnebres a los difuntos de las tumbas reales. De Micenas. Círculo de Tumbas A, Tumba IV. S. XVI a.C. (núm. 294). | 45 | Anillo-sello de oro con representación de guerreros que luchan en un paisaje rocoso. De Micenas. Círculo de Tumbas A, Tumba IV. S. XVI a.C. (núm. 241). 46 Anillo-sello de oro con representación de la caza de un ciervo con carro. De Micenas. Círculo de Tumbas A, Tumba IV. S. XVI a.C. (núm. 240). | 47 | Detalle de gran cratera con representación de hombres armados con impedimenta completa y que parece que parten hacia la guerra con sacos atados a la punta de la lanza. De la casa de la "Cratera de los guerreros" en la Acrópolis de Micenas. S. XII a.C. (núm. 1426). |

COLECCIÓN PREHISTÓRICA 25

del bronce, del marfil o los canteros trabajaban bajo el control de los mandatarios del palacio que tenían como dirigente al anax (soberano). La administración del palacio mantiene, así mismo, el control de la producción agrícola y la ganadera así como de los talleres para la producción de telas de lana, vino, aceite o aromas. La cerámica micénica es de una calidad excepcional por lo que se propaga por todo el Mediterráneo, desde Siria, Chipre y Egipto hasta Italia y la Península Ibérica.

Alrededor de las acrópolis se desarrollaron los poblados y los cementerios de tumbas de cámara de una próspera sociedad con orden jerárquico. Las monumentales tumbas abovedadas de "Atreo" en Micenas y de "Minías" de Orjomenós, que estaban destinadas a los anax, aunque saqueadas desde la antigüedad, obtienen desde entonces la fama de "tesoros".

A finales del s. XIII a.C. los disturbios sociales, durante la rendición tras la guerra de Troya y la larga ausencia de soberanos aqueos, los traslados de los pueblos "de tierra y mar" que destruyen los centros de Asia Menor y de Oriente Próximo, así como fuertes terremotos, producen una crisis económica e implican la caída del sistema de gobierno de los palacios. Sin embargo durante el s. XII a.C., último siglo de la cultura Micénica,

| 48 | Conjunto de marfil completamente esculpido, de dos diosas sentadas con el pecho descubierto, y un joven que se apoya en sus rodillas, el llamado "trío de marfil". En la cara posterior un himatio común rodea a las dos mujeres. De la Acrópolis de Micenas, zona del palacio. S. XV–XIV a.C. (núm. 7711).

| 49 | Peine de marfil con la representación de esfinges en dos franjas y roseta en el centro. El tema de las esfinges, ser mítico alado con cuerpo de león y cabeza humana, es especialmente popular en las obras en marfil micénicas. De Spata, tumbas de cámara. S. XIV-XIII a.C. (núm. 2044).

| 50 | Magnífica cabeza femenina modelada en piedra caliza, figura de diosa o esfinge, una de las escasas muestras del gran moldeado micénico. Las facciones de la imponente cara se acentúan con color rojo o negro, pudiéndose distinguir rosetones punteados en las mejillas y la barbilla. De la región de Centro Religioso de la Acrópolis de Micenas. S. XIII a.C. (núm. 4575).

51 | Fresco de la "Micenea". La seria expresión de la cara descubre la solemnidad del momento y el prestigio de la deidad que lleva los collares, ofrendas de los fieles. Es impresionante el artístico peinado y la riqueza de las joyas. Del Centro Religioso de la Acrópolis de Micenas. S. XIII a.C. (núm. 11670).

52 | Collares con cuentas de oro en forma de roseta, lirio, papiro, hoja de hiedra y flores de papiro. Talleres especializados de Micenas realizaban, en matrices de piedra, joyas de oro, masa de vidrio o fayenza. De Micenas y Dendrá de Argos. S. XIV a.C. (núm. 2791, 3087, 3194, 3003, 8748).

53 | Anillo-sello de oro con una escena religiosa. Está representada una diosa sentada bajo un árbol, que recibe las ofrendas de dos mujeres, flores de lirio y amapolas. En el cielo brillan el sol y la luna. "Tesoro" de la Acrópolis de Micenas. S. XV a.C. (núm. 992).

54 | Anillo-sello de oro con comitiva de demonios con cabeza de león que se dirigen hacia una diosa sentada. Del "Tesoro" de Tirinto. S. XV a.C. (núm. 6208).

55 | Par de pendientes de oro, decorados con punteado en la superficie de los aros. De Micenas, Círculo de Tumbas A, Tumba III. S. XVI a.C. (núm. 61).

COLECCIÓN PREHISTÓRICA

la vida continúa en Micenas y Tirinto y se crean condiciones de libre desarrollo en los centros locales del Peloponeso, de la Cícladas, del Dodecaneso y Creta. El fin de la cultura Micénica provoca un receso cultural, sin embargo, entonces se colocan los cimientos para la creación de un nuevo mundo, el de las ciudades griegas. El mundo micénico se incorpora al terreno de los mitos donde la ciudad-estado buscará su identidad y los poetas su inspiración.

56
57

Las famosas copas de oro de la tumba abovedada de Bafió de Laconia constituyen las obras de arte cumbre del trabajado del metal micénico-cretense, obras de uno o dos artistas del s. XV a.C., época con intensa influencia minoica en el arte. Las representaciones tienen carácter narrativo y presentan escenas de la captura de toros. El toro, tema preferido en las iconografías minoica y micénica, simbolizaba la fuerza y la fecundidad de la tierra. La caza del toro salvaje era un intento difícil y peligroso. En una de las copas está representado, en un paisaje de olivos y palmeras, el intento de dos cazadores de capturar toros, los cuales se ponen en fuga violenta echando abajo e hiriendo a sus perseguidores. En el centro de la representación un toro es atrapado en la red de los cazadores. (núm. 1758). En la otra copa (fig. 58) está representada la escena de la captura pacífica del toro en un paisaje de olivos, con el cazador sujetando al toro con una gruesa cuerda atada a una de sus extremidades (núm. 1759).

| 58 | Kilix de oro hecho de lámina forjada y asas fundidas que terminan en cabezas de perro completamente esculpidas. Otros tres kilix similares, del mismo taller, y otras joyas de oro quizás provengan del saqueo de tumbas en la antigüedad. "Tesoro" de la Acrópolis de Micenas. S. XV a.C. (núm. 959). | 59 | Ánfora de palacio con representación de tres grandes pulpos que abrazan el cuerpo de la vasija en un paisaje marino. Uno de los primeros ejemplos micénicos del "estilo marino", con patente influencia de la Creta minoica. Del cementerio micénico de Prosimnas de Argos. S. XV a.C. (núm. 6725). | 60 | Copa de oro con decoración impresa de pulpos en un paisaje marino. De Dendrá de Argos, tumba abovedada. S. XV-XIV a.C. (núm.7341). 61 Sello de sardio. Una mujer hace una ofrenda de flores en el ara. De Mirsinojori de Mesenia, tumba abovedada 2. S. XV a.C. (núm. 8323). | 62 | Sello de sardónice incrustado en oro. Escena de carro con dos pasajeros, el auriga y un guerrero. De Bafió, tumba abovedada. S. XV a.C. (núm. 1770). 63 Ánfora de boca ciega con representación de pulpo, peces y aves. De Ática, cementerio de Peratis. S. XII a.C. (núm. 9151). |

COLECCIÓN PREHISTÓRICA 29

Colección de Esculturas

Colección de Esculturas

Salas 7-35

La Colección de Esculturas del Museo Arqueológico Nacional está albergada en 30 salas en las que están expuestas aproximadamente ochocientas cincuenta obras escogidas de la escultura griega antigua.

El interés que presenta esta colección se encuentra en el hecho de que contiene todos los tipos de esculturas de muchas de las zonas del mundo griego antiguo y cubre satisfactoriamente todos los periodos de los años históricos, desde el s. VII a.C. hasta en fin de la Antigüedad, es decir el s. IV d.C. Algunos de los conjuntos, como los kuros y las estelas funerarias arcaicas y clásicas, son los más importantes en el mundo, tanto en cantidad como en calidad. Otro dato que hace que esta Colección sea sumamente importante, como por otra parte lo son todas las grandes colecciones del Museo Nacional, es el hecho de que las esculturas procedan de excavaciones casi en su totalidad. El conocimiento del lugar de procedencia así como el contexto de las excavaciones son elementos que no sólo ayudan a su estudio y datación, sino también a su valoración y su inclusión en el marco general del arte griego.

Mediante estas esculturas, tanto expuestas en orden cronológico como agrupadas por talleres, por clase y tema, el visitante puede formarse una imagen completa del desarrollo de la escultura durante toda la duración de la cultura griega antigua de los años históricos.

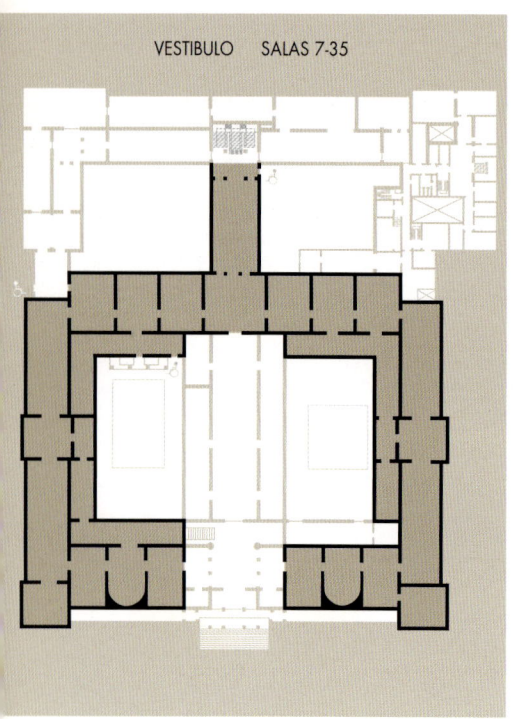

1

2

Páginas 30-31.
Detalle de conjunto de mármol de Afrodita, Eros y Pan (p. 42, fig. 26).

1 Relieve arquitectónico poroso. Representa una figura femenina, quizás una deidad, que tira hacia delante el himatio que le cubría la cabeza. Junto a otros relieves encontrados en la misma región, adornarían algún edificio del s. VII a.C. Posible obra de un taller corintio. De la acrópolis de Micenas, 630-620 a.C. (núm. 2869).

2 Cabeza de kuros de tamaño mayor al natural. Tiene un rostro intensamente oval con grandes ojos y cabello que forma bucles rizados. Se calcula que su altura es de aproximadamente 3 m. No se sabe a ciencia cierta si era un exvoto o un monumento funerario. Se encontró en Atenas, cerca de Dípilos. Finales del s. VII a.C. (núm. 3372).

3 Estatua de la kore Frasiklia. Estaba colocada en la tumba de la joven Frasiklia que murió soltera, de acuerdo con el epigrama grabado en la base. Posiblemente represente a la misma. Obra del escultor Aristion de Paros. Se encontró en el cementerio de la antigua Mirrinunta de Ática. 550-540 a.C. (núm. 4889).

Esculturas dedálicas y arcaicas Salas 7-14

Las primeras grandes esculturas en piedra fueron hechas en el s. VII a.C. en el periodo llamado *orientalizante* (700-620 a.C.) a causa de la estrecha relación entre los griegos y los pueblos de Oriente, relación que ejercía influencia también en el arte. Los artesanos griegos conocían muy bien las obras de arte de esos pueblos y adoptaron técnicas diferentes a las que utilizaban hasta entonces, tomaron prestados nuevos motivos de decoración, se impresionaron ante las grandes esculturas en piedra que adornaban los palacios y los templos de los egipcios y, adaptándolas a las necesidades del espíritu griego, crearon obras diferentes a las del periodo geométrico.

Las esculturas de este periodo son llamadas dedálicas en honor del mítico escultor Dédalo. La mayoría de las esculturas conocidas son de mujeres en pie o sentadas, se caracterizan por estar representadas de frente y la ausencia de la profundidad de la tercera dimensión, llevan vestiduras con abundantes motivos grabados y pintados. Las cabezas son pequeñas, con cara triangular encuadrada por el característico peinado de conformación elevada que recuerda las pelucas egipcias.

El periodo arcaico comienza alrededor del 630 a.C. y dura hasta el 480 a.C. Mientras que en periodos anteriores, desde el Prehistórico hasta el Geométrico, la máxima expresión del arte la componían la cerámica y las miniaturas con las pequeñas estatuillas de barro y de bronce, ahora protagoniza la escultura en piedra con obras de tamaño natural o sobrenatural dominando la figura humana que exhala una grandeza divina. Los kuros y las kores son las obras más características del periodo arcaico y son construidas para ser colocadas como señal en las tumbas de miembros de familias aristocráticas o para ser ofrecidas como exvotos a los grandes santuarios. A pesar de que este tipo de esculturas han sido encontradas en muchas zonas del mundo griego antiguo, desde Creta hasta

4 | Estatua de kuros funerario. En el artístico peinado se conserva el color rojo. Fue encontrada en una fosa, en el cementerio de la antigua Mirrinunta, junto a la estatua de la kore Frasiklia. Estaba colocado en la tumba de algún atleta, que quizás fuera de la misma familia que Frasiklia. De alrededor del 530 a.C. (núm. 4890).

Macedonia y desde la Gran Grecia hasta Asia Menor, los más importantes talleres de producción estaban en Ática y en las Cícladas, hecho que a parte de todo está justificado por la abundancia del material de óptima calidad en estas zonas, es decir de los mármoles pentélicos y cicládicos.

Los kuros representan hombres jóvenes desnudos, de frente y que adelantan una pierna con el movimiento de dar un paso. En las estatuas de kuros se puede observar la evolución de las posibilidades que los artesanos tienen para expresar los músculos del cuerpo humano, desde la expresión lineal en las primeras obras hasta la casi fisiócrata de los kuros, como en el caso de Aristódikos.

Muy al contrario en las kores el papel principal lo juegan las vestiduras que cubren toda la figura excepto la cabeza. De este modo el artesano tiene la posibilidad de elaborar de diversos modos los pliegues de las vestiduras. En las kores el movimiento de las manos es diferente, ya que con una recogen el lado del vestido y lo apartan como si fueran a avanzar, mientras que la otra mano está extendida o bajo el pecho y en ambos casos sujetan algún objeto. Tanto en los kuros como en las kores presentan especial interés los artísticos peinados y los cabellos largos.

5 El kuros de Bolomandras. En la cabeza lleva un adorno, quizás una diadema, con elementos en forma de llama. Las largas piernas acentúan la delicadeza de la configuración de la estatua. Estaba colocada como señal en la tumba de un joven de la región de Mesogea. De alrededor del 550 a.C. (núm. 1906).

6 7 Las dos caras de la base de mármol de un kuros. En una de ellas está representada en relieve una escena de la vida cotidiana, en la que dos jóvenes enfrentan a un perro y un gato. En la otra cara de la base de mármol están representados seis jóvenes desnudos que juegan a un juego de pelota separados por equipos. Es de destacar el modo con que están expresadas las figuras de los jóvenes con una gran variedad de posturas y movimientos. Fue encontrada empotrada en la muralla de Temístocles. De alrededor del 510 a.C. (núm. 3476).

La construcción de grandes templos de piedra a mediados del s. VII a.C. creó la necesidad de ser adornados con grandes esculturas de piedra, como son las metopas, los frisos y los frontones.

La antiquísima tradición de la señalización de las tumbas naturalmente continúa también en el periodo arcaico. Excepto en las relativamente pocas ocasiones en las que la señal es una estatua, la señalización se realiza por medio de una estela funeraria en la que está representado el difunto en relieve. Las estelas funerarias arcaicas, en especial las áticas son realmente obras maestras de escultura, son muy altas llegando a veces a medir 4,50 m. y naturalmente están colocadas en tumbas de miembros de familias de clase superior y fortaleza económica. El gran costo y la provocación al sentimiento popular llevaron a su prohibición en Atenas por una ley que de acuerdo con fuentes antiguas fue decretada por Klistenis, el cimentador del régimen democrático, a finales del s. VI a.C.

8 Sección de estela funeraria en relieve de discóforo (que lleva disco). Se conserva la cabeza de un joven con perfil hacia la derecha, que aparece en el disco que sujeta en su mano izquierda. Se calcula que la altura de la estela llegaba alrededor de los 3 m. Se encontró en Kerameikós, cerca de Dípilos. De alrededor del 550 a.C. (núm. 38).

9 Estatua de mármol de esfinge que estaba colocada como coronamiento en la cima de una estela funeraria. En Ática todas las estelas funerarias, desde principios del s. VI a.C. hasta el 530 a.C. aproximadamente, llevaban como coronamiento una estatua de una esfinge, con cabeza de mujer y cuerpo de león alado. Fue encontrada en Spata de Ática. 570-550 a.C. (núm. 28).

LA COLECCIÓN DE ESCULTURAS 35

10
11 Estatua de bronce de Zeus. Es uno de los pocos originales conservados, una obra de arte de la Edad Clásica Temprana, que posiblemente hubiera sido realizada por el famoso escultor del bronce, Kalamis. Se encontró en el fondo del mar cerca del cabo Artemisio de Eubea. De alrededor del 460 a.C. (núm. X 15161).

El apogeo de la edad clásica Salas 15-28

Con el fin de las Guerras Pérsicas en 480/79 a.C. comienza un nuevo periodo en el mundo griego. El aumento de la moral de todos los griegos tras sus victorias contra la mayor potencia de aquellos tiempos, los persas, les llevó al más alto de los florecimientos y a la creación de una cultura sin par, la cultura clásica. Especialmente Atenas, que protagonizó con su potente flota que salió victoriosa en la batalla de Salamina, gracias a su régimen democrático establecido por Klistenis con sus reformas y consolidado por Efialtes y Perikles, se convirtió rápidamente en el centro cultural y artístico del helenismo. Los edificios construidos en las ruinas que dejaron tras de sí los persas, son los más brillantes e imponentes y están decorados con esculturas de un arte sin igual. Para la construcción y decoración del templo de la diosa protectora de la ciudad, el Partenón, se movilizó a los mejores arquitectos y escultores como Fidias.

El espíritu democrático y "abierto" de Atenas atraerá a escultores de otras ciudades dispuestos a ofrecer su conocimiento y maestría en la construcción de estos brillantes monumentos.

12 Gran relieve votivo. En el relieve, a la izquierda está representada Deméter con cetro dándole la espiga al héroe Triptólemo para que enseñe al mundo el cultivo de los cereales. A la derecha, Perséfone con antorchas bendice a Triptólemo. De Eleusis. 440-430 a.C. (núm. 126).

13 Estela funeraria. Está representado un joven con himatio de múltiples pliegues, el cuerpo hacia el frente y la cabeza girada a la derecha. Con la mano derecha sujeta un pájaro, mientras que extiende la izquierda hacia la jaula. Sobre una columna hay un perro y más abajo un esclavo. Fue encontrada en Salamina. 430-420 a.C. (núm. 715).

14 La estela funeraria de Hegeso, hija de Proxenos. La difunta Hegeso está representada sentada en una silla larga, con una joya que ha sacado de un pixis que le ofrece su sirvienta que está de pie frente a ella. Fue encontrada en el Kerameikós. 410-400 a.C. (núm. 3624).

15 Templete funerario de Proklides. Proklides sentado en una silla larga se despide de su hijo Prokles que está de pie con uniforme militar. En segundo nivel, en el fondo, la mujer de Proklides, Arkippe. De Kerameikós. Tercer cuarto del s. IV a.C. (núm. 737).

La edad clásica temprana o de otro modo el periodo del estilo austero (480-450 a.C.) es la época durante la cual la escultura muestra la ideología de los cambios social y político. El sentimiento de libertad, de fuerza, de confianza en si mismo, así como el carácter, están impresos en las esculturas gracias a la conquista de la tercera dimensión, al austero pero al tiempo impresionante movimiento en el espacio. En la edad clásica madura (450-425 a.C.) la escultura llegará a su apogeo gracias a las esculturas del Partenón y las creaciones de los grandes artistas como Fidias, Polikleto, Agorakrito y Alkamenes. El idealismo de las figuras que, además de la belleza, les confiere un contenido espiritual, conduce a la equiparación de lo divino con lo humano y viceversa.

La tercera fase de la escultura clásica, que coincide con los años de la Guerra del Peloponeso, guerra que llevó a un conflicto panhelénico a causa de la querella entre las dos grandes potencias, Atenas y Esparta, fue llamada de estilo rico (425-380 a.C.) y es el eco de las esculturas del Partenón. Las esculturas se distinguen por la variedad en las posturas y movimientos de las figuras, así como por la riqueza de las etéreas vestiduras con los característicos pliegues curvos que ondean siguiendo los movimientos de los brazos y del cuerpo.

La edad clásica tardía (380-320 a.C.) es el periodo de los grandes cambios. La crisis política y económica en Atenas y otros lugares, así como los disturbios sociales, hacen que los artistas se trasladen de los grandes centros urbanos a provincias, a los templos locales y panhelénicos, tanto de la Grecia continental como de las florecientes costas de Asia Menor. La ciudad-estado, como institución, ha perdido su potencia y su esplendor y los escultores comienzan a trabajar encargos privados. Los grandes escultores fijan nuevas tendencias y nuevos modos de expresión, crean escuelas y trabajan en múltiples ciudades como lo hicieron Skopas de Paros, Lisipo de Sicione y Praxiteles de Atenas, hijo del escultor Kefisodoto.

Las estelas funerarias que habían sido abolidas en Atenas a finales del s.VI a.C., hacen su aparición de nuevo en las última décadas del s. V a.C. El deseo de los atenienses de honrar a los caídos en las lucha de la guerra del Peloponeso se impuso sobre la antigua prohibición. En el s. IV a.C. son enormes la producción y la variedad de estelas funerarias áticas. En el intervalo de 50 años, es decir desde mediados del s. IV, estos monumentos funerarios, de simples estelas en relieve pasan a ser monumentos colosales,

16 Estatua de joven diadumeno (atleta que se ata la cinta de la victoria) desnudo. Posiblemente represente a un atleta vencedor, que se ata una cinta alrededor de la cabeza. Se encontró en Delos. Data de alrededor del 100 a.C. y es una copia de la famosa obra en bronce de Policleto del tercer cuarto del s. V a.C. (núm. 1826).

17 Estela funeraria de un joven. Es una de las más bellas estelas funerarias en relieve del s. IV a.C. El joven difunto, con su heroica desnudez mira al vacío. A la derecha su padre y más abajo su esclavo y su perro. Fue encontrado en Atenas, en la zona del río Ilisós. De alrededor del 340 a.C. (núm. 869).

templetes funerarios que funcionan como medio de proyección y demostración de la riqueza. Este hecho condujo a una segunda prohibición por parte de Demetrio de Falero en el 317 a.C.

Otro tipo de obras escultóricas popular en el s. V a.C. y principalmente en el IV, son los exvotos en relieve, obras de calidad artística inferior pero asequible a todas las clases sociales y que eran fáciles de comprar y dedicar a los santuarios. Estos relieves presentan interés en cuanto a la variedad de formas, las escenas que representan y sobretodo al hecho de que estén dirigidos a diversas deidades. La inestabilidad política y la inseguridad en el s. IV llevó a una crisis general y a la religiosidad de las personas que buscaban la ayuda y la comunicación con deidades más asequibles, como las deidades ctónicas, los héroes, las Ninfas y Pan, pero especialmente los médicos, dioses y héroes, como Asklepio, Amynos y Amfiaraos.

| 18 | Placa en relieve con representación de la mítica competición musical entre Apolo y Marsias. Junto a otras dos placas componían el revestimiento de un pedestal en el que estaban colocadas las estatuas de Leto, Apolo y Ártemis. Obra de la escuela de Praxiteles. Se encontró en Mantinia de Arcadia. 330-320 a.C. (núm. 215). |

| 19 | Relieve votivo, dedicado por Arquinos al santuario de Amfiarao en Oropó. Obra muy interesante en cuanto a su ilustración, con la representación de la curación de un enfermo en dos fases consecutivas, con el tacto y el "adormecimiento". Fue encontrada en Oropó de Ática. Primera mitad del s. IV a.C. (núm. 3369). |

| 20 | Estatuilla de Hércules. El héroe está representado desnudo. En la cabeza lleva la piel de león atada sobre el pecho formando el "nudo de Hércules". En la mano derecha llevaba la maza. De Atenas. Tercer cuarto del s. IV a.C. (núm. 253). |

| 21 | Relieve votivo que representa una familia de devotos que se acercan a Asklepio. Le siguen sus dos hijos, Macaón y Podalirio y sus tres hijas, Yaso, Aceso y Panacea. Proviene de la región de Lukus de Kinuria. Primera mitad del s. IV a.C. (núm. 1402). |

LA COLECCIÓN DE ESCULTURAS

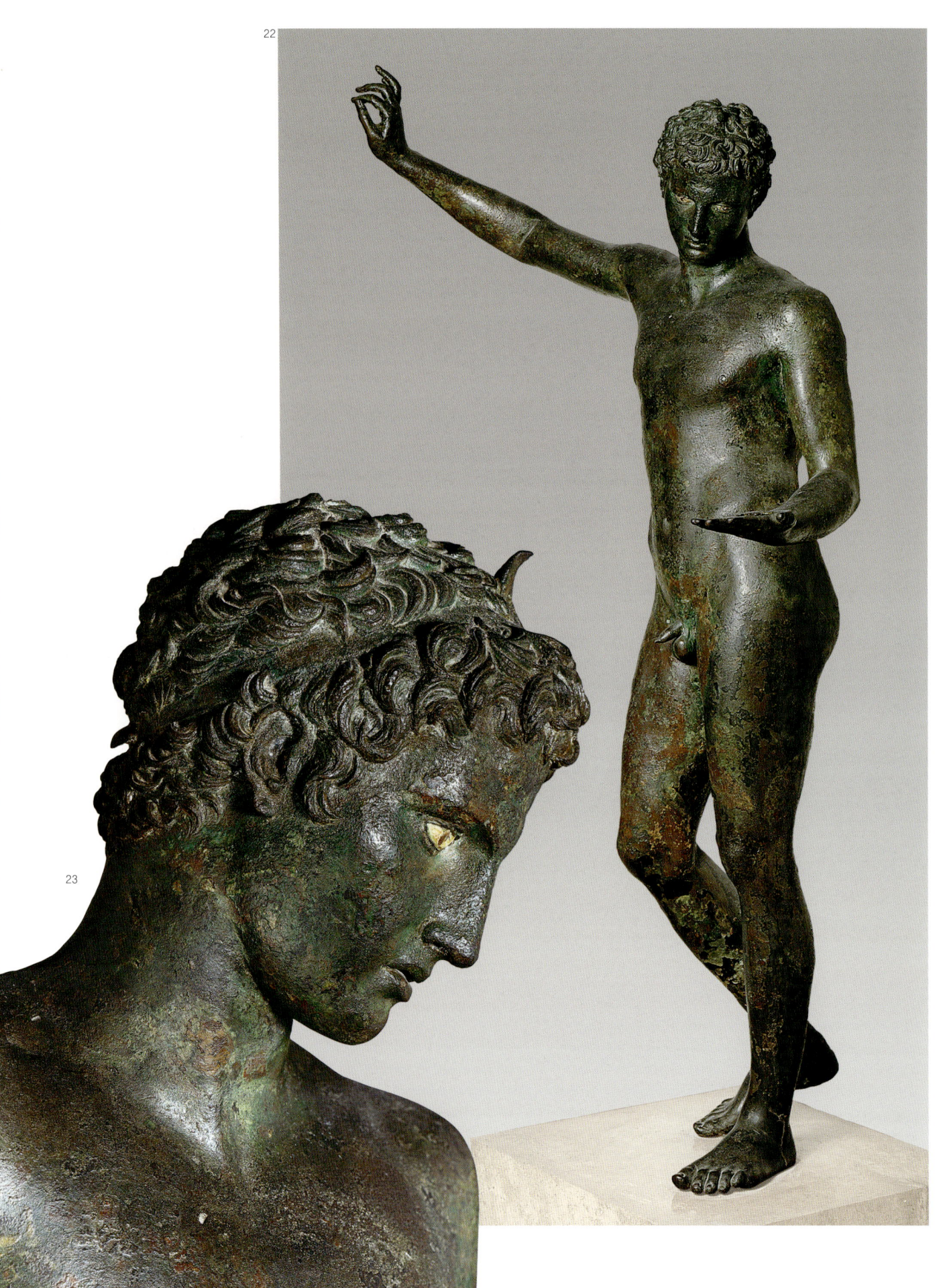

El periodo helenístico Salas 29-30, 34-35

El comienzo del periodo helenístico se sitúa comúnmente en el 323 a.C. y su fin en el 31 a.C., año en el que, tras la famosa batalla naval de Aktio en Akarnania entre la flota de Octavio y la de la reina Cleopatra, fue abolido el último reino helenístico, el del Egipto Ptolomeico. Dejando a un lado el uso convencional de estas cronologías, podríamos decir que este periodo está delimitado por Alejandro Magno, que llevó el helenismo a los confines del mundo y propagó la cultura griega dándole un carácter ecuménico, y por el primer emperador de Roma Octavio Augusto con el que se hace definitiva la soberanía de los romanos y se conforma el Imperio Romano.

La imagen del mundo griego de aquella época es completamente diferente a la de la edad clásica.

La ciudad-estado sustancialmente no existe y tras la muerte de Alejandro el mundo está separado en pequeños reinos gobernados por sus sucesores y las dinastías que ellos instituyeron.

En el seno de los palacios de estos reinos los escultores encuentran terreno fértil para crear sus obras de arte, ofreciendo sus servicios a los reyes así como recibiendo encargos de ricos particulares de todas las clases sociales como comerciantes, propietarios de barcos, veteranos de guerra y artesanos, los cuales han acaparado riquezas y tienen la posibilidad de hacer una vida comparable a la de los nobles.

El espíritu, la política y la estructura social de la época se reflejan en la escultura, que tiene diversos medios de expresión y formas, tanto en el cambio de estilos como en la temática. Con un intenso carácter mundano, la escultura helenística se ocupa, a parte de los temas religiosos, con temas de la vida cotidiana, de contenidos idílicos o dramáticos. El lugar del idealismo de la edad clásica lo toma el realismo y la representación de las características personales de las figuras. Esta tendencia a la representación realista de las figuras tiene como consecuencia el desarrollo del arte del retrato.

Al tiempo que los centros artísticos tradicionales, como Atenas, florecen otros en Oriente, como Rodas, Alejandría y principalmente Pérgamo, el potente reino de los atálidas. Los edificios de carácter religioso y laico construidos por diversos soberanos, y que muy a menudo tenían como objetivo la propaganda y la demostración de fuerza, estaban adornados por multitud de esculturas arquitectónicas de un contenido relativo, como el friso del famoso altar que dedicó el rey de Pérgamo, Eumenes II, a Zeus y a Atenea Nicéforos.

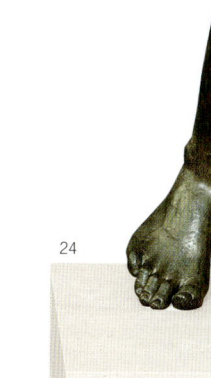

24

22 23 Estatua de bronce de muchacho, conocida como "el muchacho de Maratón". Representa posiblemente a un atleta. En la mano izquierda quizás sujetara una caja de la que había sacado una cinta. Obra de la escuela de Praxiteles. Se encontró en el mar de Maratón de Ática. 340-330 a.C. (núm. X 15118).

24 El "muchacho de Anticiteres". Se considera que representa a Paris que llevaba la manzana (de la discordia) o a Perseo con la cabeza de la Medusa. Es atribuido por algunos al escultor Eufránoros. Se encontró en el fondo del mar cerca de Anticiteres. 340-330 a.C. (núm. X 13396).

Para el ornamento de edificios y ciudades se usaban relevantes esculturas de pequeño o gran tamaño. Fenómeno acostumbrado es también el levantamiento de edificios así como el encargo de grupos escultóricos completos en otras ciudades y en otros santuarios lejos del lugar de residencia y dominio de los soberanos.

Tanto en las esculturas como en los relieves las figuras se caracterizan por los intensos y espectaculares movimientos, teniendo un lugar importante los conjuntos de mortales, héroes, personajes míticos y dioses.

Edad Romana Salas 31-33

Aunque el sometimiento paulatino de las diversas regiones de Grecia a los romanos empieza mucho antes, la edad romana comienza propiamente en el 31 a.C. Desde el 27 a.C. en adelante Roma será gobernada por el emperador, siendo el primero de ellos Octavio Augusto.

Hasta el s. IV d.C. subirán al trono muchos emperadores, unos pacíficamente y otros por medio de complots, algunos competentes, cultos y prudentes. Grecia era una provincia

25 Cabeza de bronce figurativa con ojos superpuestos. Es muy patente el intento de la expresión realista de las características personales. Posiblemente perteneciera a la estatua de un atleta. Fue encontrada en Delos, en la Palestra del Lago. Principios del s.I a.C. (núm. X 14162).

26 Conjunto de mármol de Afrodita, Eros y Pan. El dios de patas de cabra se acerca a Afrodita con intenciones eróticas, mientras ella le rechaza con su sandalia. Tiene como ayudante al pequeño Eros que hace retroceder a Pan agarrándole por los cuernos. Se encontró en Delos. De alrededor del 100 a.C. (núm. 3335).

romana en la que continuó el cultivo del espíritu y en la que las artes conocieron periodos de florecimiento, en especial durante los gobiernos de emperadores que mostraron especial interés en la educación clásica, como fueron Augusto, Adriano y Marco Aurelio. La escultura continúa siendo una forma básica del arte y es apoyada por la corte y la aristocracia. Naturalmente el arte en general se encuentra al servicio del emperador, aún más la escultura que se presta a la construcción de obras de propaganda y proyección del emperador y su familia. Fueron dos los sectores de la escultura los que se desarrollaron en grado principal en esta época: las copias y los retratos. Multitud de obras de la edad clásica, renombradas obras de arte, son copiadas en mármol para el adorno de palacios, mansiones y lugares públicos, mientras que en cada rincón del imperio se construyen multitud de bustos que representan a los emperadores y a personas de su entorno. En todo el territorio griego, pero en especial en Atenas, en la que los talleres continuaron la antigua y profunda tradición artística, se producían también estelas funerarias, retratos particulares, trapezoforos (apoyos de mesas), aras, vasijas de mármol y los espléndidos sarcófagos áticos de mármol del s. II d.C., muchos de los cuales están adornados con representaciones mitológicas con muchos personajes.

27 Busto de mármol de Antinoo, el joven favorito del emperador Adriano, quien le divinizó tras su muerte prematura, ya que se ahogó en el río Nilo. Retratos y estatuas suyas se construyeron en muchas ciudades y santuarios. Se encontró en Patras. 130-138 d. C. (núm. 417).

28 La estela funeraria de Alexandra, quien estaba representada con la vestidura característica de Isis, con el nudo isiaco bajo el pecho. Símbolo de la diosa es también el cubo que sostiene en la mano izquierda. Fue encontrado en Atenas. Segundo cuarto del s. II d. C. (núm. 1193).

29 Estatua de bronce del emperador Octavio Augusto, está representado a caballo y a una edad avanzada. Con la mano derecha sujetaría las riendas del caballo. Se encontró en el mar entre Agios Eustratios y Eubea. De alrededor del 10 a.C. (núm. X 23322).

Colección de Bronce

Colección de Bronce

Salas 36-39

Ya desde la Edad Neolítica el hombre tenía relación con los metales, especialmente con el bronce nativo, y el descubrimiento de la técnica de trabajado del mismo contribuyó a la valoración de las múltiples posibilidades que ofrecía a las necesidades de la vida cotidiana, y a que se propagara su uso en el transcurso de los siglos. Conocedores de las cualidades de los metales, los antiguos griegos crearon obras importantes para cuya fabricación usaron, no sólo el bronce nativo, sino diversas aleaciones, mezclándolo con estaño, zinc, plomo, y algunas veces con plata. Las principales técnicas usadas eran dos: la del forjado y la del fundido. En la primera daban la forma deseada a láminas de metal con la ayuda de un martillo. En la segunda, más difundida, fabricaban obras macizas o huecas por el método de la cera perdida con dos variantes: una la directa, con modelos que destruían tras su uso y otra indirecta, por medio de una matriz hecha del modelo primario que conservaban, a fin de reiterar la fusión. La Colección de Bronce constituye una de las colecciones más importantes y ricas del mundo. Está formada principalmente por los hallazgos de las primeras excavaciones sistemáticas, que fueron realizadas por la Sociedad Arqueológica de Atenas y por Escuelas Arqueológicas extranjeras ubicadas en Grecia en las últimas décadas del s. XIX y los primeros años del XX. Las excavaciones sacaron a la luz importantes santuarios tanto panhelénicos como locales de menor tamaño, excelentes centros latréuticos que alcanzaron esplendor en todo el territorio griego. Algunos de los objetos provienen de antiguos cementerios donde se encontraron multitud de ofrendas funerarias. Una valiosa parte de las miniaturas de bronce está compuesta por las antigüedades que reunió el político K. Karapános, terrateniente amante de la antigüedad, las cuales provienen principalmente de excavaciones que realizó en Dodone en 1875/76, así como los instrumentos médicos del doctor K Lambros que llegaron a la Colección en 1899. El número de las antigüedades de la misma continúa aumentando gracias a donaciones, entregas, compras y confiscaciones.

Las obras de bronce abarcan desde el s. X a.C. hasta la edad romana impresionando por su variedad y calidad. Se trata de estatuillas de dioses, figuras de hombres y mujeres que representan kuros, atletas, fieles, héroes, guerreros, jinetes, aurigas, agricultores, pastores, kores, danzarinas, figuras mitológicas, estatuillas de animales, herramientas, armas, vasijas, recipientes, joyas, láminas inscritas y otros. A través de estas pequeñas obras de arte se puede seguir todo el desarrollo del arte griego antiguo, así como las tendencias artísticas y los logros de los talleres de tallado y trabajado del metal que alcanzaron su esplendor en la antigüedad. También se puede uno acercar a la vida cotidiana de los antiguos, tanto privada como pública, con las costumbres, tradiciones,

VESTIBULO SALAS 36-39

Páginas 44-45
Detalle de estatuilla de mujer con velo.
(p. 51, fig. 21).

[1] Asa de lebes de tres patas con caballo. Lebes de tres patas han sido encontrados como exvotos en los santuarios de Olimpia, de Delfos, de la Acrópolis de Atenas y otros. Sus asas redondas están a menudo adornadas con estatuillas de guerreros, aurigas o caballos. De un taller de Argos. Del Peloponeso. De alrededor del 750 a.C. (núm. X 7842).

[2] Estatuilla de grifo del soporte acanalado de tres patas de un recipiente. Los grifos, seres demoníacos míticos, decoran el cuerpo o las patas de soportes de lebes y eran conocidos en el arte de Oriente. Figuras de grifos se han encontrado, a parte de en Olimpia, en Samos y otros lugares. Del santuario de Zeus en Olimpia. De alrededor del 650 a.C. (núm. X 6186).

[3] Grupo escultórico de siete mujeres en baile circular. En muchos santuarios tenían lugar, en el marco de ceremonias religiosas, bailes latréuticos de mujeres o vírgenes en honor de deidades relacionadas con la fecundidad, la fertilidad y la vegetación. Taller de Élide. Del santuario de Zeus en Olimpia. S. IX a.C. (núm. X 6236).

4 | Broche en forma de ocho. Este tipo era frecuente en Grecia central y norte y en zonas de los Balcanes desde el s. IX hasta el VI a.C. De Macedonia. S. VII a.C. (núm. X 20226).

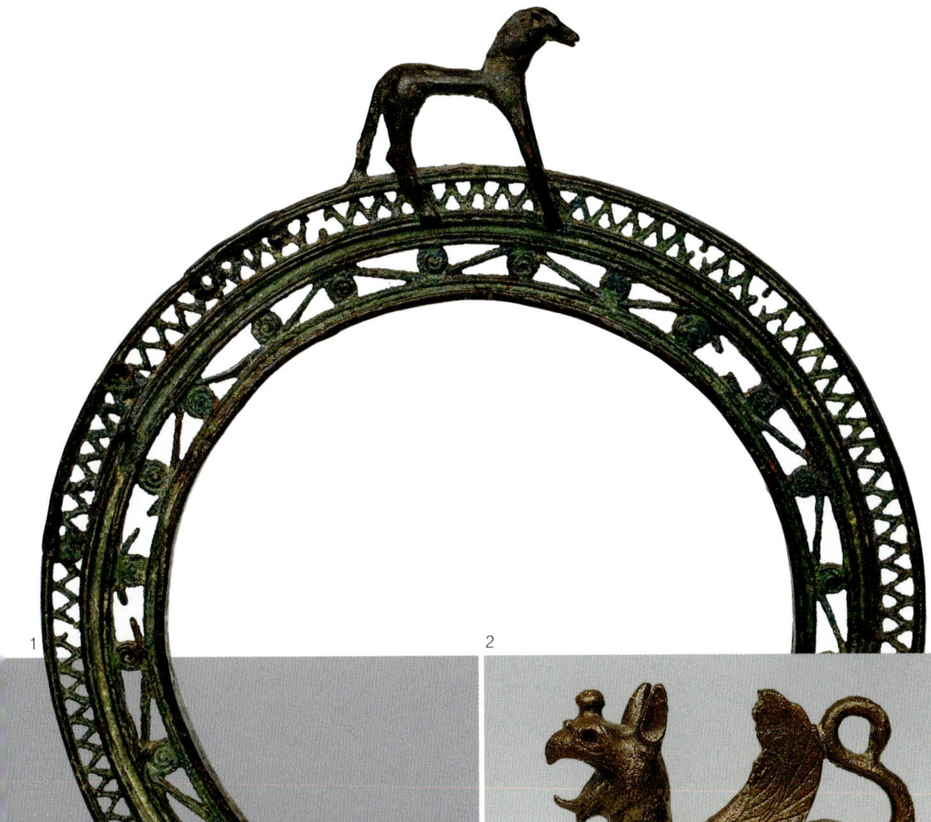

5 | Estatuilla de yegua con potro que mama. El caballo, animal querido y ayudante del hombre, está representado con frecuencia en todos los tipos de arte. La obra muestra influencia corintia y lacónica, Del santuario de Zeus en Olimpia. S. VIII a.C. (núm. X 6199).

COLECCIÓN DE BRONCE

ocupaciones, su percepción religiosa y sus creencias y comprender las relaciones, los contactos y las influencias mutuas entre los pueblos y las sociedades.

El griego antiguo adora y honra a los dioses, le impresionan y tiene esperanza en ellos, a menudo les teme y procura apaciguarles, les ruega y les da gracias confiriéndoles diversas cualidades y características, reflejando con sus ofrendas el grado de fe así como sus posibilidades económicas o su posición social. En los santuarios se celebran fiestas religiosas en su honor, ceremonias místicas, danzas latréuticas, competiciones atléticas, sacrificios. En muchas regiones el culto a los dioses tiene su comienzo en la profundidad de los siglos. Las sobrias figuras geométricas inspiradas en las proezas de los héroes homéricos y que representan principalmente guerreros, aurigas y caballos, símbolos de poder social y político, hacen su aparición como ofrendas en muchos santuarios durante los s. X-IX y sobretodo en los s. VIII y VII a.C. Del mismo modo que las impresionantes grandes vasijas y los lebes de tres patas decorados con figuras fantásticas iguales o diversas. Gracias al desarrollo de la navegación, los contactos por vía marítima contribuyen a la propa-

6 Estatuilla de guerrero. Lleva casco cónico, cinturón de guerra y lleva en la espalda un escudo de tipo beocio. En la mano derecha llevaría la lanza. Por razón del lugar en que se encontró, cerca de Ftía, patria de Aquiles, se supuso que representa a un héroe de Tesalia. De Karditsa. De aproximadamente el 700 a.C. (núm. X 12831).

7 Estatuilla de corredora. Sería la decoración de una cratera o un lebes y estaría sujeto con dos clavos. Posiblemente estuviera representada una atleta que participaría en los juegos Hereos, es decir carreras de mujeres en honor a Hera en Olimpia. De taller lacónico. Del santuario de Zeus en Dodone. 550-540 a.C. (núm. Kar. 24).

8 Estatuilla de jinete. El jinete fue encontrado en 1875 y el caballo en excavaciones más recientes en 1956. La figura sujetaría con la mano izquierda las riendas y con la derecha la lanza. Se ha supuesto que representa a uno de los Dioscuros. De taller corintio. Del santuario de Zeus en Dodone. 575-550 a.C. (núm. Kar. 27+X 16547).

gación de los bienes culturales, y las relaciones con oriente están impresas en la importación de productos así como en las influencias sufridas por los artistas. Los cretenses, orgullosos de su antiquísimo centro latréutico en el Idaion Antro, conocedores del trabajado del bronce, se pusieron pronto en contacto con las regiones orientales produciendo importantes obras y difundiendo su arte por el resto de Grecia. Samos supuso un importante centro del trabajado del metal en el territorio jónico, siendo considerados los samios como inventores de la técnica de construcción de estatuas de bronce huecas por dentro.

El florecimiento político y económico, que sobrevino con la expansión del colonialismo, el desarrollo de la artesanía y el progreso del comercio, se reflejan en la reforma de las ciudades, en el cambio de las instituciones estatales y en el fortalecimiento del sentimiento religioso con el desarrollo de grandes centros latréuticos que en especial en el s.VI a.C., se vieron inundados por todo tipo de ofrendas de metal ofrecidas por los fieles. Zeus, principal dios de los hombres, es adorado como Naios *(residente)* en su santuario de Dodone, donde se encuentra el oráculo griego más antiguo, recibiendo

9 Estatuilla de seleno itifálico. La figura tiene características de hombre y de caballo y está representada bailando extasiada. Es una de las obras más importantes de los talleres corintios del trabajado del bronce. Del Santuario de Zeus en Dodone. 540-530 a.C. (núm. Kar. 22).

10 Estatuilla de Zeus Keraunios. Una serie de estatuillas del estilo austero encontradas en santuarios, representan a Zeus como guardián del orden divino, según la descripción de Hesiodo, llevando en rayo en la mano derecha y, a menudo el águila en la izquierda. Del Santuario de Zeus en Dodone. 470-460 a.C. (núm. X 16546).

11 Estatuilla de flautista. Samos fue una gran fuerza naval y un importante centro del modelado desde el s. VIII hasta el VI a.C. Obras samiotas se han encontrado en muchos santuarios como exvotos. De taller jónico. De Hereo de Samos. 550-525 a.C. (núm. X 16513).

ofrendas de todo el mundo conocido de entonces. En el santuario panhelénico de Olimpia, así como en otros santuarios, aparece como señor del mundo y guardián del orden sagrado llevando sus símbolos, el águila y el rayo. En santuarios, donde se adoraba a dioses con calidad de guerreros, se encontraron armas de defensa o de ataque, copias en miniatura de ellas, así como estatuillas de guerreros. En el gran centro religioso de Atenas, en la Acrópolis, la hija de Zeus es honrada como Promacos, protectora de su ciudad. Multitud de estatuillas de animales, principalmente toros, fueron encontradas en el santuario de de los kaveiros de Tebas, donde las ceremonias están relacionadas con la fertilidad de la tierra y fecundidad de los rebaños. En santuarios de los campos de Arcadia se encontraron estatuillas que representan animale, deidades y a los mismos oferentes.

Las obras de los años clásicos no pueden competir en cantidad con las

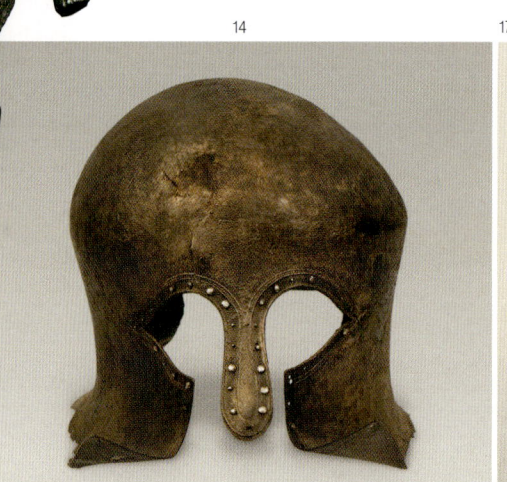

12	Cabeza de estatuilla de Zeus. La obra expresa la austeridad y la grandeza del protector del santuario panhelénico. Los ojos estaban incrustados y eran de otro material. De un taller del noreste del Peloponeso. Del santuario de Zeus en Olimpia. 520-510 a.C. (núm. X 6440).
13	Estatuilla de figura alada (Nike) que corre, del borde o de la base de tres pies de un recipiente. Nikes, sirenas, esfinges, caballos alados y otras figuras adornaban a menudo vasijas y recipientes, exvotos a Atenea. De un taller ático. De la Acrópolis de Atenas. Finales s. VI a.C. (núm. X 6479).
14	Casco de tipo corintio con clavos de plata en el contorno. Este tipo de casco estaba muy extendido en la antigüedad. De la zona del santuario de Zeus en Olimpia (se encontró cerca del río Alfeo). Mediados s. VI a.C. (núm. X 15153).

de la edad arcaica. En muchos de los santuarios el número de miniaturas de bronce disminuye ocupando su lugar obras del gran arte plástico, de las que se han conservado sólo algunos fragmentos. Los talleres de trabajado del bronce continúan produciendo para satisfacer, tanto las necesidades cotidianas como las preferencias de los peregrinos. Lugar principal ocupan las hidrías, vasijas usadas en las ceremonias para el transporte del agua, así como urnas funerarias o como premio a los vencedores de las competiciones y que aparecen desde el s. VI hasta el IV a.C. En la misma época los espejos, un objeto femenino por excelencia, impresionan por sus tipos y por la variedad de los temas de su decoración. Una multitud de objetos metálicos están relacionados con la vida privada o pública, con los oficios, la educación, las ciencias, las artes (menaje casero, vasijas y recipientes, herramientas médicas, juguetes, instrumentos musicales y otros).

La divulgación y el resplandor de la cultura griega durante la edad helenística refuerza también el interés por las artes, lo que tiene como resultado la producción

15 Sauroter (base inferior del asta de la lanza), exvoto de los Tarentinos del botín de los Turios, de acuerdo con el epígrafe. Del santuario de Zeus en Olimpia. 443-433 a.C. (núm. X 6259).

16 Punta de lanza. Del santuario de Zeus en Olimpia. S. VI a.C. (núm. X 6258).

17 Estatuilla de Atenea Promaco, ofrenda de Meneklides de acuerdo con el epígrafe de la base. De un taller ático. De la Acrópolis de Atenas. 500-490 a.C. (núm. X 6458+6949).

18 Estatuilla de pastor llevando un ternero. Del santuario de Pan Nomios en Berekla de Arcadia. 540-520 a.C. (núm. X 13053).

19 Estatuilla de Hermes Crioforo. De Andritsena. De alrededor del 550 a.C. (núm. X 12347).

20 Estatuilla de diosa sentada que lleva frutos, quizás sea Deméter. Del santuario de Deméter y Kore Karpoforon (?) en Agios Sostis, Tegea. De alrededor del 470 a.C. (núm. X 14922).

21 Estatuilla de mujer con velo, quizás sea Afrodita. Taller del Peloponeso noreste. Posiblemente de la zona de Pindos. 460-450 a.C. (núm. Kar. 540).

de importantes obras. Un grupo importante lo componen las estatuillas de bronce que fueron sacadas del mar junto con otros objetos en el 1900, cuando el barco que seguramente viajaba hacia Italia cargado de tesoros griegos con objeto de que adornaran allí palacetes romanos o edificios públicos, naufragó cerca de la isla de Anticitera.

El interés por las artes continúa después de la conquista romana y los talleres de trabajado del metal siguen produciendo, ya que los líderes romanos muestran una especial preferencia por las obras de arte griegas. Las estatuillas de bronce que salieron a la luz en el barrio ateniense de Ambelokipi en 1964 son creaciones de los años del imperio y muchas de ellas muestran la influencia de obras de famosos artistas de la antigüedad clásica, como Policleto, Mirón y Lisipo.

22 Espejo con mujer con velo que era el asa o el soporte. Tipo de espejo muy extendido, en especial en el s. V a.C. y que procedía de diversos talleres del trabajado del bronce. Comúnmente lleva decoración de amorcillos y animales, aves o flores. Taller de Argos. De Atenas. De alrededor del 455 a.C. (núm. X 7579).

23 Hidría con tapa. El asa vertical tiene la figura de un kuros, mientras que las adhesiones superiores llevan figuras de esfinges y en las inferiores carneros. Los talleres de Corinto, de Atenas y de Halkida fueron importantes centros de producción de hidrías de bronce. De taller corintio. De Paleogardiki, Trikala. 540-530 a.C. (núm. X 18232).

24 Hidría. En la adhesión del asa está representado el rapto de la princesa ateniense Oritía por el rey de Tracia, Boreas. La vasija contenía los huesos del difunto Asterios, cuyo nombre aparece en la lámina de oro que se encontró en el interior. De Fársala de Tesalia. 350-340 a.C. (núm. X 18775).

25 Estatuilla de Poseidón en el tipo Laterano. Creación del s. II d.C. que representa una obra del escultor del s. IV a.C. Lisipo de Sicione. De Ambelokipi. (núm. X 16772).

26 Orejera de casco con presentación de dos hombres luchando. Del santuario de Zeus de Dodone. Principios s. IV a.C. (núm. Kar. 166).

27. Estatuilla de Dioniso. Llevaría tirso en la mano derecha y cántaro en la izquierda. De Hojlia de Euritania. Alrededor de mediados del s. II a.C. (núm. X 15209).

28. El famoso mecanismo del naufragio de Anticitera. Un importante logro de la tecnología antigua, de alrededor del 80 a.C. (núm. X 15087).

29. Estatuilla de general representado en el momento del sacrificio profético. Posiblemente fuera del santuario de Zeus en Dodone. Finales s. IV-principios s. III a.C. (núm. X 16727).

COLECCIÓN DE BRONCE 53

Colección de Antigüedades Egipcias

Colección de Antigüedades Egipcias

Salas 40-41

Ya desde finales del siglo XIX, la cultura egipcia antigua ocupa un lugar notable entre las colecciones permanentes del Museo Arqueológico Nacional. Núcleo de la Colección de Antigüedades Egipcias es la colección particular de Ioannis Dimitríu, griego de la diáspora, de Alejandría, que fue entregada en principio a la Sociedad Arqueológica en 1880 para trasladarse a continuación al museo. Está expuesta en un apartado de la Sala Micénica y ya aparece en la primera guía de antigüedades de P. Kavvadias en 1894. La segunda gran donación proviene de Alejandro Rostovits, en 1904, que ejercía su profesión en El Cairo. La Colección de Antigüedades Egipcias se enriquece con donaciones de menor tamaño y contiene un pequeño número de objetos de estilo egipcio del territorio griego. Las obras de la Colección se distinguen por su valor y calidad y cubren todos los periodos cronológicos de la larga historia del antiguo Egipto, desde el periodo predinástico (5400-3300 a.C.) hasta el periodo romano (30 a.C.-395 d.C.).

La Colección de Antigüedades Egipcias se presta a un recorrido por el pasado lejano, cuando en el valle del río Nilo y su fértil delta se crean los primeros reinos y se establece el uso de la escritura con la creación de los jeroglíficos. Entonces se confor-

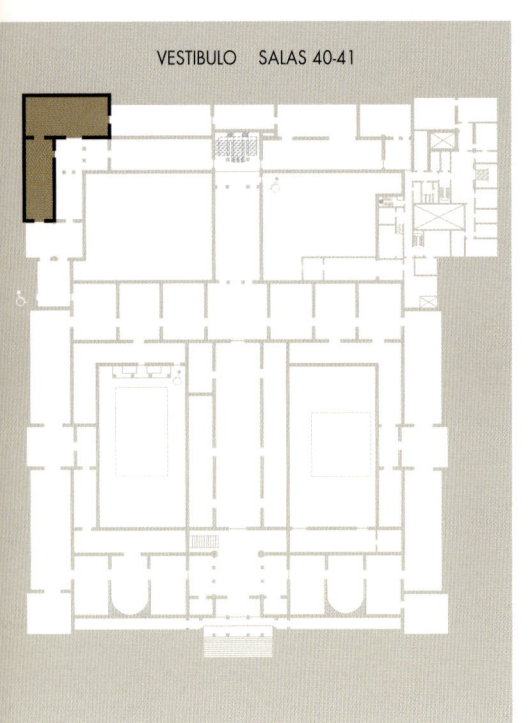

Páginas 54-55.
Envoltura de la cara de la momia de Nespasakuti, dirigente salmista y sacerdote del dios Min. 945-712 a.C. (núm. 3412).

1 Estatuilla de bronce del Faraón Sabaka, en su representación conservada más significativa. En el cinturón se puede distinguir la tablilla con su nombre. La estatuilla era un exvoto o parte del mobiliario ceremonial de un templo en Egipto o Nubia. Periodo Tardío, hacia el 700 a.C. (núm. 258).

2 Estatuilla de bronce del espíritu Pa, símbolo de los antepasados. Periodo Tardío, 712-332 a.C. (núm. 259).

3 Estatua de alabastro. De las primeras estatuas de Faraón, con la característica frontalidad y la inmovilidad de la figura 2575-2130 (núm. 120).

4 Estatua de bronce de la princesa-sacerdotisa etíope Ta-Kusit. La larga vestidura está completamente cubierta de representaciones grabadas de dioses y epígrafes jeroglíficos que llevan composición superpuesta de fino alambre de metal valioso. De la zona del lago Mareotis, cerca de Alejandría. Hacia el 670 a.C. (núm. 110).

man las deidades y la fe en la vida después de la muerte, hecho que jugará un papel determinante en la vida y el arte de Egipto. Hacia el 3000 a.C. Egipto se unifica bajo el poder de un faraón, que instaura la monarquía teocrática y se presenta como la encarnación de dios sobre la tierra. En la época del Reinado Antiguo (2575-2130 a.C.) se construyen las pirámides como moradas del faraón después de su muerte, entre las cuales la más imponente es la de Keops. Los nobles y los miembros de la familia real eran enterrados bajo las mastabas, edificaciones rectangulares sobre el terreno. El arte es monumental y majestuoso y se caracteriza por posturas convencionales que continúan sin cambios en el arte. Más tarde, durante el Reinado Medio (2040-1640 a. C.) se desarrolla un arte más popular, el de las copias de madera de escenas de la vida cotidiana y de barcos con sus tripulaciones. Las tumbas y los sarcófagos están adornados por textos escritos que ofrecen instrucciones sobre el camino del difunto al inframundo donde se le hará justicia.

Durante el Reinado Nuevo (1550-1070 a.C.), época de los faraones Tutmosis III, Amenofis III, Akenaton, Tutankamón y Ramsés II, Egipto con capital en Tebas es un imperio que se extiende desde Libia y Nubia en África y que llega hasta Siria y Palestina

3

4

COLECCIÓN DE ANTIGÜEDADES EGIPCIAS 57

en Asia. Mantiene relaciones con la Creta minoica y la Grecia micenea como se puede ver en los frescos minoicos que decoran un edificio en Avari en la región del Delta. Las relaciones con Grecia se desarrollan más tarde durante el Periodo Tardío (712-332 a.C.), un periodo agitado por invasiones de extranjeros, con la llegada de griegos mercenarios al servicio del faraón y la instalación de comerciantes griegos en la ciudad de Naukrati. Tras la conquista de Egipto por Alejandro Magno (332 a.C.) y la institución de la dinastía de los Ptolomeos, la influencia mutua entre las culturas griega y egipcia está patente en el arte y las creencias religiosas de la edad helenística. Este periodo termina con la muerte de la última reina del Egipto ptolomeico, Cleopatra, en el 30 a.C. y la transformación de Egipto en una provincia romana. Los famosos retratos fúnebres del tipo Fayúm, del nombre de la necrópolis del mismo nombre, hacen patente la tradición grecorromana en el arte egipcio.

5 Estatuilla de piedra con estela, representa a Turai, sacerdote y vigilante de los silos del templo de Amón en Tebas. Nuevo Reino, 18ª Dinastía, 1550-1307 a.C. (núm. 76).

6 Collares de oro, pendientes y colgante (amuleto) del Periodo Ptolomeico-Romano, 332 a.C.-395 d.C. (núm.1558, 1554, 1575, 1613).

7

8 9 10

11

| 7 | Copia de madera de barco con su tripulación. De madera de sicomoro cubierto de barniz blanco y pintado con colores variados. Simbolismo de la sagrada peregrinación del difunto a Abidos, lugar de enterramiento y adoración del dios Osiris. Reinado Medio, 1990-1780 a.C. (núm. 221). | 8 9 | Retratos funerarios del tipo Fayúm dibujados con la técnica encáustica (mezcla de colores con cera de abeja y resina). Los retratos grecorromanos toman el lugar de las convencionales máscaras que cubrían las caras de las momias según la tradición egipcia. S. IV d.C. (núm. 1627-1628). | 10 | Puerta falsa de Senetites que posiblemente perteneciera a una mastaba de Saqqara. La puerta falsa estaba colocada en un templete funerario, siendo una sección de un edificio que cubría una cámara funeraria. Esta falsa puerta permitía que el alma del difunto pudiera vagar dentro y fuera de la tumba. 2150-2040 a.C. (núm. 28). | 11 | Envoltura con la momia de la salmista del dios Amón, Djed-Aset-Sanj. La decoración dibujada representa una escena funeraria con Osiris, dios del Bajo Mundo que tiene forma de momia. La difunta es llevada a Osiris por Horus, el dios con cabeza de halcón. 1070-712 a.C. (núm. 3424). |

COLECCIÓN DE ANTIGÜEDADES EGIPCIAS 59

Colección Stathatos

Colección Stathatos

Sala 42

La Colección Stathatos está expuesta en la Sala 42, en la entrada del Museo Arqueológico Nacional, completando sus exposiciones permanentes.

La donación de Elena y Antonio Stathatos fue entregada por la coleccionista en 1957, siendo inaugurada pocos meses después tras haber sido supervisada por ella misma. Elena Stathatos, gracias a su pasión de coleccionista, rescató valiosos tesoros de la herencia tradicional griega, antigua y nueva, que se encontraban en el mercado y en manos de los traficantes de antigüedades. A la par se ocupó de agrupar y relacionar hallazgos excepcionales de procedencia común así como de su estudio y publicación por parte de ilustres expertos.

La Colección cuenta con 971 objetos y cubre cronológicamente el amplio espacio de tiempo que va desde el 5º milenio a.C. hasta los años postbizantinos. La cultura Neolítica está representada por hallazgos de Calcídica, siendo características las vasijas protocicládicas y minoicas, de piedra, y las ofrendas votivas minoicas en forma de hachas de oro. Muestras de la cultura micénica son los hallazgos de una tumba en Mesogeia, una es-

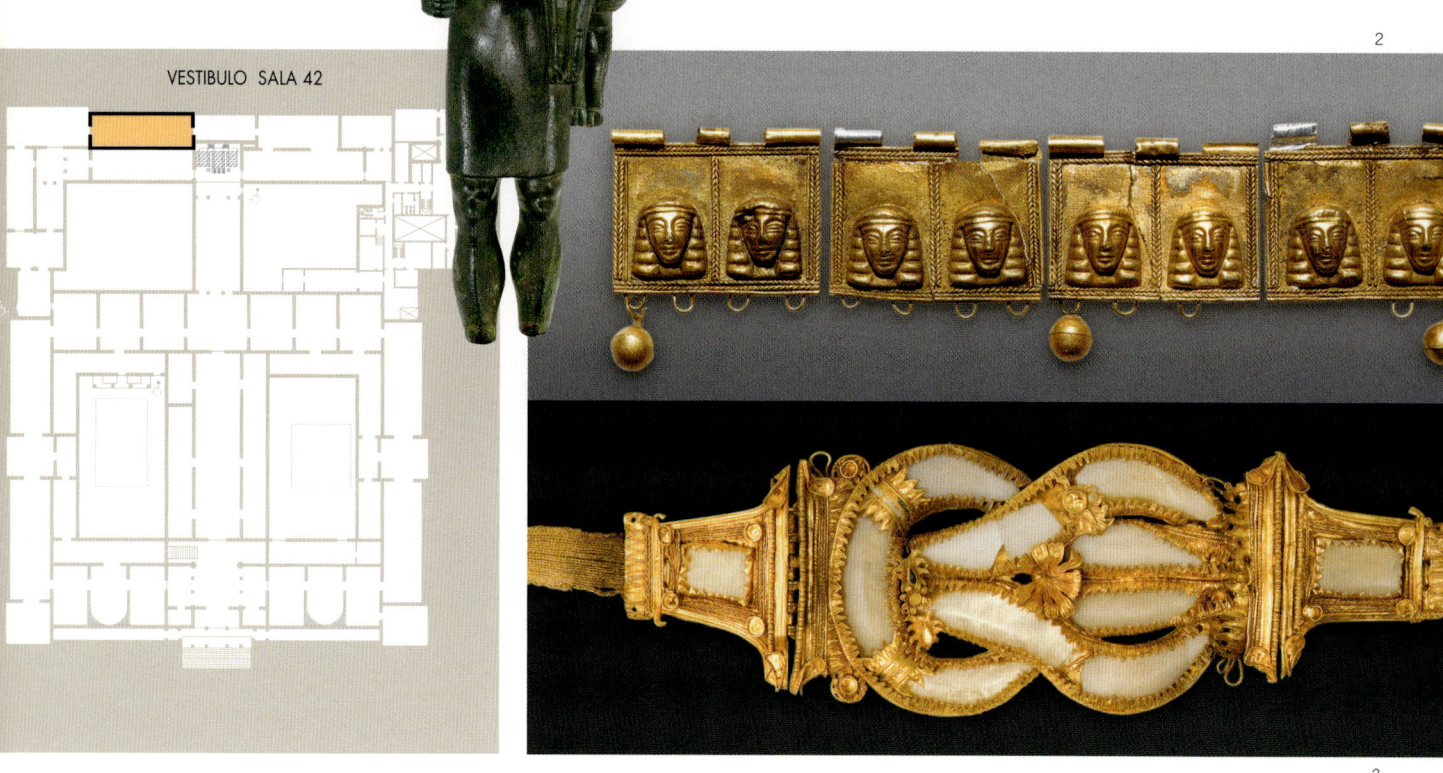

Páginas 60-61
Red para el adorno del peinado. Sobre una medalla de oro está representado en relieve el busto de Ártemis con carcaj. Alrededor hay un entramado reticular de cadenas adornado con bustos de mujeres y rosetas. Del "tesoro de Karpenisi". s. III a. C. (núm. Στ. 369).

1 Estatuilla de bronce de Hermes Crioforo. Lleva un quitón corto atado con adorno dentado en el borde superior y pilos (sombrero cónico) en la cabeza. Con la mano izquierda sujeta a un carnero y en la derecha posiblemente llevara el caduceo. Obra de un taller del Peloponeso. De procedencia desconocida. 550-525 a. C. (núm. Στ. 328).

2 Cuentas de collar de electro (amalgama de oro y plata). Cada una de las cuatro cuentas lleva dos figuras femeninas en relieve expresadas de forma dedálica y en la parte superior tres pequeños cilindros para su sujeción. De Rodas. 650-600 a.C. (núm. Στ. 241).

3 Cinta de oro. Está compuesta por dos secciones de una cinta larga con forma de cadena trenzada y nudo de Hércules en el centro, que está adornado con rosetas y cristal de roca incrustado. Posiblemente adornara el pecho en diagonal. Del "tesoro de Karpenisi". Finales del s. III / principios del II a.C. (núm. Στ. 353).

4   Par de pendientes de oro en forma de barca. Hipalectriones, seres con cabeza de caballo y cuerpo de ave, adornan la mitad inferior del pendiente. Se han usado las técnicas del punteado y del grabado. De Spata de Ática. Finales del s. VI a. C. (núm. Στ. 237).

5   Pieza cónica de oro de un pendiente con esfinges grabadas enfrentadas. La pieza cónica lleva seis filas horizontales con decoración punteada, terminando en una granada esquematizada. De cuatro cadenas trenzadas cuelgan frutos de granado. De una tumba de Argos. 650-625 a.C. (núm. Στ. 310).

6   Par de pendientes de oro cónicos apiramidados con la Señora de las Fieras y leones. De una tumba de Argos. 650-625 a.C. (núm. Στ. 309).

7   Pendientes de oro con figuras e inscripciones cúficas en esmalte multicolor. Del "tesoro de Creta". S. X-XI d.C. (núm. Στ. 483).

8   Cinturón de oro con rica decoración compuesta por flores variadas y frutos, y entre ellos orugas, abejas, aves, delfines. Para su artística decoración se han incrustado piedras semipreciosas como granates, esmalte coloreado, vidrio y cornalina. Del "tesoro de Karpenisi". S. II a.C. (núm. Στ. 362).

COLECCIÓN STATHATOS

tatuilla de una diosa a caballo y una vasija de esteatita con tres patas, así como joyas de las zonas de Tebas y de Salamina. La edad geométrica está representada por joyas de oro y bronce, colgantes en forma de animal, estatuillas además de un conjunto de tumbas en Koropí. Excelentes muestras de joyería, como pendientes de oro en forma de barco de Spata, los broches arqueados, las joyas macedonias de oro y de plata de Calcídica y obras en bronce como la estatuilla de Hermes Krioforo *(portador del carnero)* son obras características de la edad arcaica.

Un interés particular presentan las obras de la edad clásica, a saber, el huevo de figuras rojas del pintor de Loutró, "el tesoro de Demetriada", los recipientes de plata de Sinope y los espejos plegables de bronce. "El tesoro de Karpenisi" y otras obras de joyería y miniatura cubren todo el periodo helenístico causando sensación por su arte y riqueza. Entre los objetos que datan de la edad romana están comprendidas joyas con piedras preciosas y semipreciosas y una estatuilla de Hermes Kerdoos *(dador de prosperidad)*. Las edades bizantina y postbizantina están representadas por enseres religiosos, medallones, candiles de bronce así como variedad de joyas que reflejan las diversas manifestaciones de la vida bizantina.

9 Brazalete de oro en forma de serpiente. Del "tesoro de Karpenisi". Finales s. III / principios II a.C. (núm. St. 366). Anillo de oro hecho por múltiples espirales y nervio central en relieve. Los extremos terminan en la cabeza y la cola de una serpiente. Del "tesoro de Karpenisi". Finales s. IV / principios III a. C. (núm. Στ. 354).

10 Brazalete de oro en forma de serpiente. Del "tesoro de Karpenisi". Finales s. III / principios II a.C. (núm. St. 366). Anillo de oro hecho por múltiples espirales y nervio central en relieve. Los extremos terminan en la cabeza y la cola de una serpiente. Del "tesoro de Karpenisi". Finales s. IV / principios III a. C. (núm. Στ. 354).

11 Pulseras de oro. Están compuestas por dos elementos tubulares en forma de semicírculo unidos por aros en la parte inferior y que en la superior terminan en cabezas de toro. La superficie está cubierta por un entramado reticular mientras que los animales están expresados fisiocraticamente. Del "tesoro de Karpenisi". s. III a. C. (núm. Στ. 370-371).

| 12 | Diadema de oro. Está compuesta por tres secciones articuladas con rica decoración de brotes helicoidales, palmetas, hojas de acanto, flores. En la sección central, nudo de Hércules con amorcillo. Del nudo cuelgan cadenas que sujetan granadas. De Demetriada de Magnesia. 325-300 a.C. (núm. Στ. 339). | 13 | Collar de oro. Está compuesto por pequeños discos adornados por rosetas con múltiples hojas, sujetos a una cadena trenzada, y de los que cuelgan cabezas de toro y bellotas. De Troada. S. III a.C. (núm. Στ. 306). | 14 | Alfiler de oro. El extremo superior termina en capitel sobre el que está representada Afrodita con un espejo y un amorcillo. De un aro situado bajo el capitel, cuelga una cadena que posiblemente terminara en un gancho para asegurarla. Del "tesoro de Karpenisi". s. II a. C. (núm. Στ. 347). | 15 | Huevo de figuras rojas. Dos mujeres jóvenes están ocupadas en el juego de la rabdomancia en presencia de un amorcillo. Están rodeadas de adolescentes y muchachas jóvenes. En la superficie superior un busto de mujer y medias lunas en la inferior. Del Pintor de Loutró. De una tumba de la zona de Atenas. 420-410 a.C. (núm. Στ. 332). |

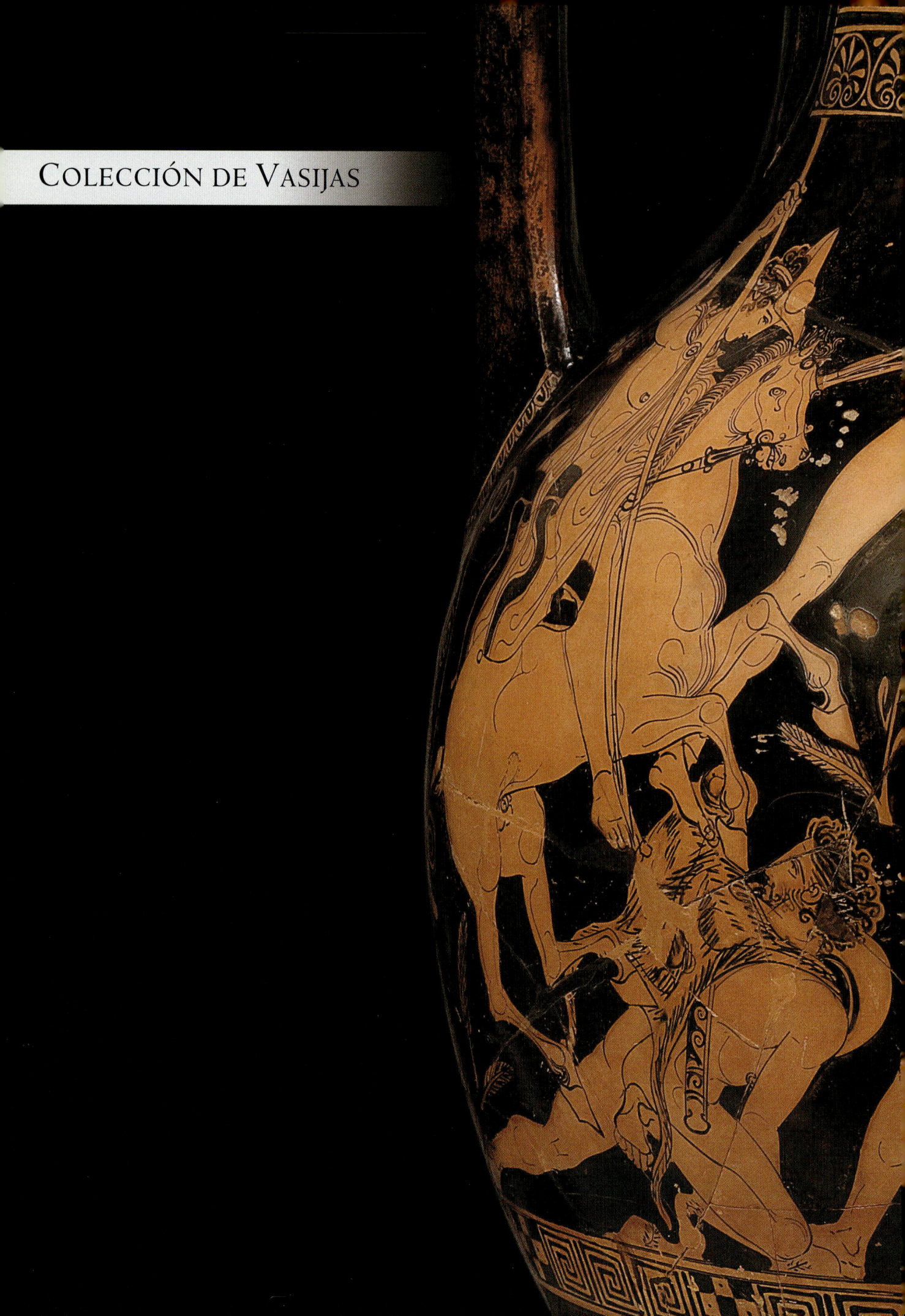

Colección de Vasijas

COLECCIÓN DE VASIJAS

Sala 49-57

Durante la antigüedad, las vasijas de barro ocupaban un importantísimo lugar en la vida del hombre, tanto como simples recipientes de la vida cotidiana, tanto como artísticos exvotos decorados que ofrecían a los dioses y a sus difuntos más queridos.

La mayoría de las vasijas conservadas en buenas condiciones proviene de tumbas y su enterramiento en la tierra es la razón de su buena conservación, al contrario de lo que ocurre con las vasijas ofrendadas a los templos, que como el resto de los exvotos, comúnmente no se conservan en buenas condiciones.

Como en todos los grandes museos arqueológicos del mundo, del mismo modo en nuestro Museo Arqueológico Nacional la Colección de Vasijas ocupa un lugar sumamente importante entre sus espacios de exposición.

Con su forma, pero aún más con su decoración, componen un conjunto excepcional de obras que reflejan no sólo el arte sino la grandeza de su época.

Son consideradas como valiosos testimonios de la gran pintura ya que hasta el momento han sido encontradas sólo escasas obras, como frescos o cuadros móviles. Por medio de las representaciones que llevan, se da a conocer cada expresión de la vida antigua, tanto privada como pública, la mitología, la religión, las costumbres, las

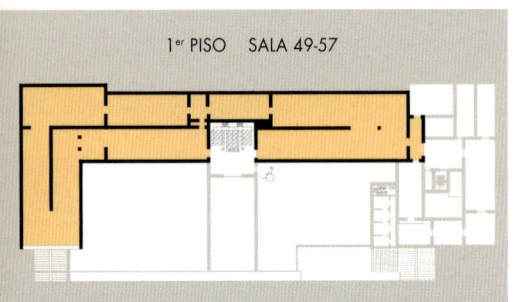

1

2

3

Páginas 66-67
Pelike ática de figuras rojas. En ella está representada la Gigantomaquia, la terrible lucha entre los dioses del Olimpo y los Gigantes, los monstruosos hijos del Cielo y la Tierra. De Tanagra. De alrededor del 400 a.C. (núm. A 1333).

1 Ánfora. En el cuello metopa con meandro. De Atenas. Edad geométrica temprana, 900-850 a.C. (núm. A 18121).

2 Ánfora. En el cuello y en el vientre franjas y metopas con meandros y círculos concéntricos que rodean una cruz. De Kerameikós. Edad geométrica media, 850-800 a.C. (núm. A 216).

3 Enocoe de Dípilos. Lleva grabado en el hombro uno de los epígrafes más tempranos de los años históricos, que muestra que esta vasija era el trofeo que ganaba el mejor bailarín en una competición. Del Pintor de Dípilos. Del cementerio de Kerameikós. Edad geométrica tardía, 750-735 a.C. (núm. A 192, sala 7).

4 Gran ánfora funeraria con escena de exposición. La difunta echada en el lecho fúnebre, está rodeada de plañideras. La sábana mortuoria está extendida sobre ella, mientras que un niño está al lado de la cabecera. Del Pintor de Dípilos. Del Kerameikós. Edad geométrica tardía, 760-750 a.C. (núm. A 804, sala 7).

luchas del cuerpo y del espíritu, el teatro y otros. Tanto las obras de artistas renombrados como las de anónimos, representan con realismo su época dando al tiempo la posibilidad de que se acerque a ellas, no sólo al investigador especializado sino al simple visitante.

Recipientes destinados, ya a las necesidades cotidianas de la casa, ya a ocasiones importantes como la boda, tenían un nombre determinado y una forma que servía para un propósito concreto. En la mesa comían en platos y bebían vino en kilix o skifos que llenaban con los enocoes. El vino que guardaban en ánforas lo mezclaban con agua en las crateras para no beber el vino "ákraton" (puro) y lo refrescaban en los psykter. Con las hidrías transportaban agua de la fuente y con el agua de los lutroforos se bañaban los novios. Las mujeres conservaban sus afeites en los pixis, se perfumaban con aceites destilados que guardaban en los alabastron y los aríbalos, y en el epinetro peinaban la lana antes de hilarla. Las ánforas panatenaicas llenas de aceite de las olivas sagradas eran el trofeo de los vencedores de las Panateneas, mientras que los lecitos estaban destinados a ser vasos funerarios.

La historia de la pintura de las vasijas en los años históricos comienza en algún mo-

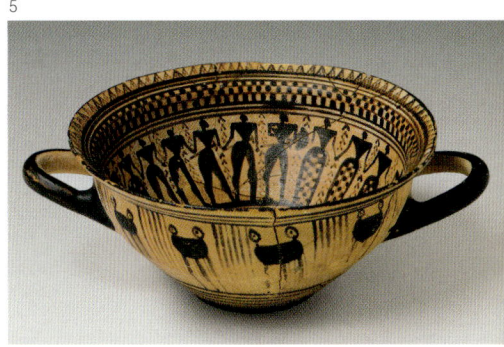

5 Skifos. En el interior, hombres y mujeres bailan una danza circular al son de la "fórmiga" (tipo de cítara) y de las liras que tocan tres músicos. En el exterior están representados trípodes. De Atenas. Edad geométrica tardía, último cuarto del s. VIII a.C. (núm. A 874).

6 Detalle de gran cratera funeraria con escena del traslado del difunto. Sobre un carro arrastrado por caballos, el lecho mortuorio es acompañado por familiares y plañideras. Abajo, una comitiva de carros con guerreros posiblemente revele el cargo del difunto. Del pintor de Hirschfeld. Del Kerameikós. Edad geométrica tardía, 750-735 a.C. (núm. A 990).

COLECCIÓN DE VASIJAS 69

mento de mediados del s. XI a.C. Las reestructuraciones creadas por los traslados de las poblaciones y las influencias del importante pasado micénico llevaron a una nueva época en el terreno del arte, la Geométrica que durará aproximadamente tres siglos (1050-700 a.C.). Su nombre es debido a los motivos geométricos, rectos y curvos, dibujados con la ayuda del compás y la regla, con que adornaban las vasijas de barro de este periodo. El estilo geométrico, como el resto de los estilos que aparecerán en los siglos siguientes, se extendió por toda Grecia, con diferencias según las regiones. De este modo se formaron los diversos talleres locales, entre los cuales el más importante es el taller ático del que se presenta aquí un resumen.

De éste saldrá el primer gran pintor ateniense, el Pintor de Dípilos, como fue llamado habitualmente por las excelentes vasijas funerarias que creó para que se levantaran como monumentos imponentes en el cementerio de Kerameikós.

La superficie de la vasija, que en principio llevaba sólo motivos geométricos encuadrados en franjas, gradualmente será adornada con escenas narrativas esquematizadas que dominarán los últimos años del s. VIII a.C. Figuras completamente pintadas en negro (técnica de la esciagrafía) en las que sólo se destaca el ojo, narran la tristeza, y

7 Detalle de gran ánfora (tinaja) beocia. Entre las asas, en metopa rodeada de aves acuáticas y serpientes, está representada la Señora de las Fieras entre dos leones. Bajo sus manos pedazos de un toro descuartizado, mientras que sobre ellas hay dos aves. En su delantal hay un pez. De Tebas. 680-670 a.C. (núm. A 220).

participan en la *armatodromia* (carrera de carros) en honor al difunto del cual vemos la exposición o el funeral. Luchan, cazan, danzan en fiestas religiosas y participan en juegos que tienen como trofeo un trípode de bronce o un enocoe.

Durante el s. VII a.C. el arte está caracterizado por las influencias orientales, resultado de los contactos de los audaces primeros griegos navegantes con los pueblos de Oriente. Durante este periodo, llamado orientalizante, destacan temas como la Potnia Thirón (Señora de las Fieras), la gran diosa de la naturaleza, seres fantásticos como las Esfinges y los Centauros, los Grifos y las Quimeras, animales salvajes, como los leones y las panteras, adornos vegetales, trenzas y espirales, así como temas mitológicos. La técnica de la esciagrafía es sustituida por la del contorno, de este modo en el vacío que queda en el interior de las figuras se añaden detalles con barniz negro. Empiezan a destacar enérgicamente los diversos talleres de provincias con sus peculiaridades, mientras que remite el ático que había dominado hasta entonces. A Corinto, que domina en esta época gracias a su posición geográfica y al comercio, es atribuida por muchos la creación del estilo orientalizante, ya que son los corintios los que instauran la técnica del contorno alrededor del 720 a.C. Dado que les gustan las nove-

10

11

12

8 Ánfora ática temprana de figuras negras. En el cuello, Hércules mata al centauro Neso. En el vientre dos gorgonas persiguen a Perseas que acaba de decapitar a su (de ellas) hermana Medusa, quien se derrumba ensangrentada tras ellas. Del Pintor de Neso. Del Kerameikós. 615-605 a.C. (núm. A 1002).

9 Ánfora-tinaja cicládica. En el cuello, lucha cuerpo a cuerpo de los héroes Diomedes y Ajax o Aquiles y Memnón. En el vientre el regreso de Apolo a Delos, a la vuelta de su viaje al país de los Hiperbóreos y su recibimiento por parte de Ártemis. Junto a él en el carro están las vírgenes Hiperbóreas. De un taller de Paros. De Milos. 640-630 a.C. (núm. A 911, sala 9).

10 Figura de barro que representa el traslado de un difunto con decoración dibujada. Sobre un carro se transporta el lecho con el cuerpo del difunto que se perfila bajo las telas mortuorias. Alrededor de él las plañideras lloran mientras que un niñito está echado sobre él. El traslado es acompañado por un jinete. De Bari de Ática. S. VII a.C. (núm. A 26747).

11 Detalle de skifos ático de figuras negras con un cortejo de komastés (participantes en una fiesta llamada komos). Del Pintor KX del grupo de los Komastés. 585-580 a.C.(núm. A 640).

12 Detalle de kilix ático de figuras negras del tipo de Siana con representación de jinetes. Del Pintor de Tarento. De Corinto. 560-550 a.C. (núm. A 530).

COLECCIÓN DE VASIJAS 71

dades, son los primeros en descubrir, alrededor del 690 a.C., el estilo de figuras negras usando la técnica de la esciagrafía, expresando sin embargo todos los detalles con incisiones y dándole vida a la decoración con color blanco o violáceo superpuesto.

Las vasijas corintias de este periodo son llamadas protocorintias (720-630 a.C.) caracterizándose por su elegante forma, el dibujo bien trabajado y el cariño al detalle y la perfección.

En Ática las vasijas del periodo orientalizante son llamadas protoáticas. En oposición con Corinto, la ahora más conservadora Atenas acostumbra a fabricar relativamente grandes vasijas, que compaginan los elementos estereotipados del anterior periodo, el Geométrico, con nuevos más pletóricos. Aunque influidos por los efectos de los orientales, los talleres de otras zonas siguen su propio rumbo, como los de la Cicladas, Beocia, Eubea, Rodas y otros. Alrededor del 630 a.C., los pintores de vasijas atenienses usan el estilo de figuras negras y crean magníficas composiciones narrativas con temas inspirados principalmente en la mitología. De entre los pintores más representativos de las últimas décadas del s. VII a.C. está el Pintor de Neso. Sus figuras, héroes vigorosos, narran con fuerza las escenas que tienen lugar.

13 Ánfora ática de figuras negras. En el cuerpo, dentro de metopa, un demonio alado que quizás sea uno de los hijos de Boreas, se mueve con ímpetu con las alas completamente abiertas. De Atenas de la zona de Academia de Platón. De alrededor del 570 a.C. (núm. A 21032).

14 Sección de dinos ático de figuras negras. En el hombro está representada una escena de las carreras funerarias de carros que Aquiles organizó para honrar a su difunto amigo, Patroclo. Es obra de Sofilo, como dice el epígrafe que además define el tema de la representación. De Fársala de Tesalia. 580-570 a.C. (núm. A 15499).

A principios del s. VI a.C. el pintado de vasijas ateniense, aún bajo la influencia de Corinto, adopta nuevas formas y temas de decoración de menor tamaño y comienza a competir con ella, tanto en el mercado interior como en el extranjero donde finalmente, alrededor de mediados del s. VI a.C., predominará. Todos los talleres locales, incluidos los corintios, se reducirán sólo al consumo interior.

| 15 | Sección de cántaro ático de figuras negras, obra de Nearco. Está representado el semidios Aquiles en el momento en que unce sus caballos, Haito y Eutia a fin de volver a la lucha para vengarse de la pérdida de su amigo Patroclo. De la Acrópolis de Atenas. De alrededor del 560 a.C. (núm. Ακρ. 611) | 16 | Detalle de cratera ática de figuras negras. Está representada la escena de una batalla homérica. Dos grupos de guerreros enfrentados luchan alrededor del cuerpo de un joven inconsciente que está echado en el suelo, y que quizás sea Patroclo. Hecho de acuerdo con la técnica de Exekia. De Fársala de Tesalia. De alrededor del 530 a.C. (núm. A 26746). | 17 | Detalle de plato ático de figuras negras. Aquiles se prepara para la campaña de Troya rodeado por sus padres, Peleo y Tetis, y de su hijo Neoptólemo. Obra del pintor de vasijas Lidos. De Bari de Ática. 540-530 a.C. (núm. A 507). |

18 Cuadro de madera. Comitiva de sacrificio. Unos niños tocando música llevan al cordero al ara, donde una mujer espera llevando todo lo necesario para el sacrificio. Les siguen mujeres y hombres con ramas. Obra de un pintor corintio de acuerdo con el epígrafe. De la cueva Pitsá de Corintia. 540-530 a.C. (núm. A 16464).

19 Detalle de kilix ático de figuras rojas. En el interior está representado un guerrero agachado. Habiéndose puesto las rodilleras y con el himatio atado alrededor de la cintura, se pone el casco mientras sujeta un escudo que tiene como emblema un pulpo. Obra del alfarero Fintia. De Tanagra. 505-500 a.C. (núm. A 1628).

20 Detalle de kilix ático de figuras rojas. En el interior, dentro de un círculo, escena de simposio. Un hombre barbudo echado sobre almohadones tejidos, al tiempo que acaricia a un conejo, canta el principio de un pareado del poeta Teogni que alaba la belleza de un joven. De Tanagra. De alrededor del 500 a.C. (núm. A 1357).

A Sofilos, que alrededor del 580 a.C. fue el primero que firmó sus vasijas, le seguirán muchos grandes artistas como Klitias, Ergodimos, el Pintor de la Acrópolis 606, Nearco, Lido, el Pintor de Amase y finalmente Exekia el gran artista que con su obra llevó a su apogeo el estilo de figuras negras, alrededor del 530 a.C., después de 100 años de trayecto.

En aquellos años se concibió el estilo ático de figuras rojas, en alguno de los talleres del Kerameikós ateniense, en contraposición con el de figuras negras. Es decir, en vez de pintar con barniz negro sobre el barro anaranjado, ahora pintan negro el fondo y dejan las figuras en el color del barro, añadiendo los detalles con pinceladas.

Durante aproximadamente medio siglo el estilo de figuras negras y el de figuras rojas van a la par, hasta casi el 450 a.C. Algunos de los artistas, como el Pintor de Andócides, al que se atribuye la creación del nuevo estilo, pintan con las dos técnicas las vasijas llamadas bilingües. Puramente por motivos religiosos algunas vasijas, como las usadas en los misterios kaviricos y las ánforas panatenaicas, continúan adornándose con el estilo de figuras negras durante todo el periodo que duró el estilo de figuras rojas.

La historia del estilo de figuras rojas durará más de 200 años (530-320 a.C.). Supe-

21. Detalle de kilix ático de figuras rojas. Hércules lucha y vence a Anteo, el gigante de Libia que exterminaba, con la tremenda fuerza que poseía mientras tocara la madre tierra, a cualquier viajero que llegara a su país. Donación de H. Trikupi. De alrededor del 490 a.C. (núm. A 1666, sala 13).

22. Aríbalo ático de figuras rojas. Un joven corre para librarse de dos amorcillos que intentan cogerle. Obra del Pintor Duris. De Atenas. De alrededor del 480 a.C. (núm. A 15375).

23. Detalle de cratera ática, de figuras rojas, en forma de cáliz. Minos y Ariadna observan la lucha entre Teseo y el Minotauro. Del Pintor de Sirisko. De Acrópolis de Atenas. De alrededor del 480 a.C. (núm. Ακρ. 735, sala 15).

COLECCIÓN DE VASIJAS

rando los primeros experimentos, los pintores de vasijas del periodo temprano de la pintura de figuras rojas (530-500 a.C.), como Eufronio, Eutimide, Fidias, Esmikros, el Pintor de Sosia, los Vanguardistas, como son conocidos, con la ayuda del pincel darán solución a los problemas de la pintura y crearán obras que justamente provocan la admiración por su estética y su perfección técnica. También los temas representados ahora son tomados de la mitología y de la vida cotidiana.

Siguiendo a los vanguardistas, grandes pintores de vasijas de la edad arcaica tardía (500-480/75 a.C.), como el Pintor de Kleofrades y el Pintor de Berlín, pintan con gran facilidad grandes vasijas, mientras que Onésimo, el Pintor de Vrigos, Dúrides y Mákron se distinguen por la decoración de kilix.

Durante la edad clásica temprana (480/75-450 a.C.) los pintores de vasijas, teniendo como principal representante al Pintor de las Niobides, influidos por la gran pintura, intentan expresar la sensación del espacio y de la tercera dimensión en sus composiciones con muchos personajes, colocando las figuras a diferentes niveles o detrás de pliegues del terreno. Se abandona la insistencia en modelos anatómicos antiguos y las representaciones están imbuidas de austeridad y grandeza.

24 Pelike ática de figuras rojas. Hércules lucha y mata al mítico rey de Egipto, Busiri, y a sus sacerdotes cuando comprende que se proponen sacrificarle, a fin de que el país se vea libre del hambre. Del Pintor de Pan. De Tespies de Beocia. De alrededor del 470 a.C. (núm. A 9683).

En los años siguientes (450-415 a.C.) que son el periodo clásico de la pintura ática de vasijas de figuras rojas, están especialmente patentes las influencias del gran modelado, principalmente en la decoración del Partenón, en obras de algunos pintores como el Pintor de Kleofonte, de Polignoto o del Pintor de Aquiles, que se dedicó principalmente a la decoración de lecitos blancos. Estas vasijas dedicadas al uso funerario, con las multicolores representaciones referidas comúnmente a la muerte, son consideradas las más bellas vasijas de la pintura de vasijas ática, ya que las figuras representadas emanan espiritualidad, modestia y tristeza reservada.

En yuxtaposición con las anteriores representaciones con las formas austeras y casi monumentales, el Pintor de Eretria se complace en pintar escenas del gineceo y graciosas figuras femeninas, ligeras, vestidas con ropa plisada. La preferencia por este tipo de pintura continúa los años siguientes (415-390 a.C.). Las figuras, ahora vestidas con más afectación con recargada ropa transparente, ocupan el espacio en varias posturas. El principal representante de este estilo, llamado Estilo Rico, es el pintor de Meidias. La preferencia ahora se torna hacia

25 Lecito ático blanco. La escena se desarrolla en el gineceo. La señora ateniense se despide del guerrero, su esposo Toda la fuerza de expresión del mundo interior, la moral y la espiritualidad están impresas en esta obra del Pintor de Aquiles. De Eretria. 450-440 a.C. (núm. A 1818).

26 Epinetro ático de figuras rojas. La novia Alkestis apoyada en el tálamo nupcial, observa como sus amigas adornan lebes nupciales y un lutroforos con ramas de mirto. Obra del Pintor de Eretria, que debe su nombre a la zona en que fue encontrado este recipiente. De alrededor del 425 a.C. (núm. A 1629).

27 Lebes nupcial ático de figuras rojas con tapa. Escena familiar en el gineceo. La joven mujer sentada en silla larga acerca el niño a su padre. Hecho de acuerdo con la técnica del Pintor de Ariadna. De Ática. De alrededor del 430 a.C. (núm. A 1250).

COLECCIÓN DE VASIJAS

escenas más ligeras que describen gineceos, simposios y otros temas que elogian la vida y sus alegrías.

Durante el s. IV a.C. comienza la decadencia de la pintura ática de vasijas de figuras rojas, a consecuencia de la guerra del Peloponeso, que fue catastrófica para Atenas, del desarrollo de la Gran Pintura y de la limitación del comercio en el Este. Los diversos experimentos a fin de renovar el estilo de figuras rojas por otros medios, como con la decoración de las superficies con representaciones en relieve o con el uso de muchos colores, estaban dirigidos más que nada a los nuevos mercados de Puente Euxino.

El último destello de la pintura ática de vasijas de figuras rojas se señala en las vasijas del estilo Kertsch, llamado así por la ciudad de Crimea, la antigua Panticapea griega, donde se encontraron muchas de ellas. Su principal característica es el uso de barro aplicado para la expresión de los detalles, colores, especialmente blanco, rojo, azul, verde y dorado y el amor por el detalle expresado por pequeñas pinceladas.

Alrededor del 320 a.C. llega el "fin" de la pintura ática de vasijas de barro de figuras rojas, habiendo agotado todas las posibilidades de su expresión.

28 Lutroforos ático de figuras rojas con la escena de la preparación nupcial. La novia sentada en un taburete observa al amorcillo que está sentado sobre una cajita que tiene sobre las rodillas. A los lados sus amigas. Del Pintor de Loutro. De Atenas. 415-410 a.C. (núm. A 16280).

29 Detalle de tinaja ática de figuras rojas. Está representado el primer rapto de Elena por parte de Teseo. El héroe lleva a Elena en el carro que preparó Piritoo. Su hermana Febe la saluda. Obra del pintor de vasijas Polignoto. Posiblemente sea de Maratón. Donado por Kiriazí. De alrededor del 430 a.C. (núm. A 18063, sala 15).

30 Pixis ático de figuras rojas. El traslado de los recién casados, que van en el carro nupcial a la casa del novio. Les sigue la madre con antorchas. Los caballos son conducidos por un joven. Sobre la pareja vuela Eros. De Eretria. 370-360 a.C. (núm. A 1630).

30

31

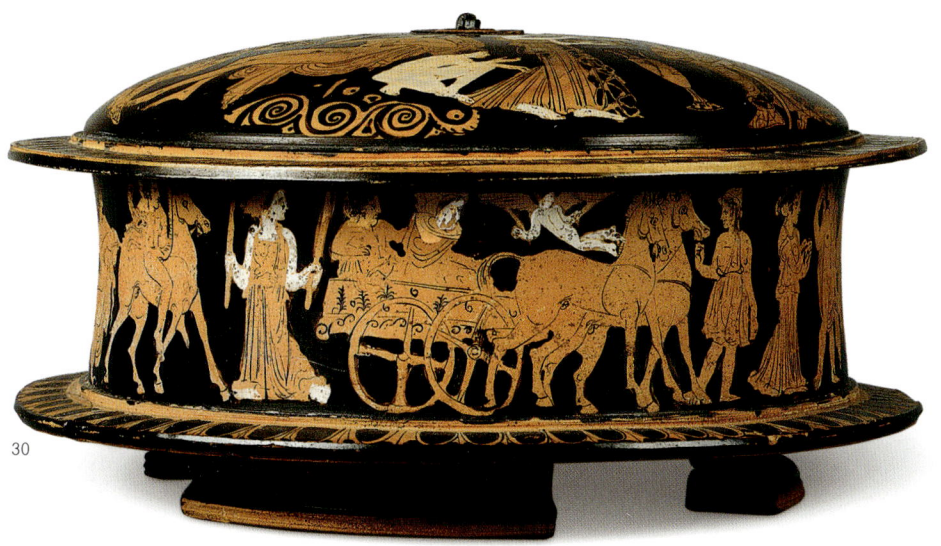

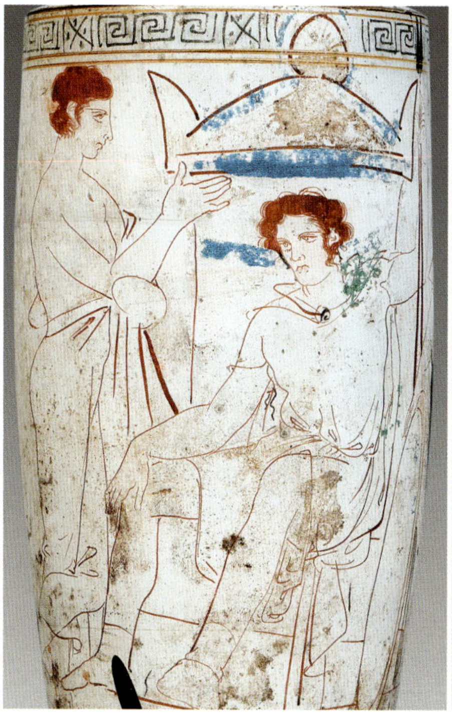

32

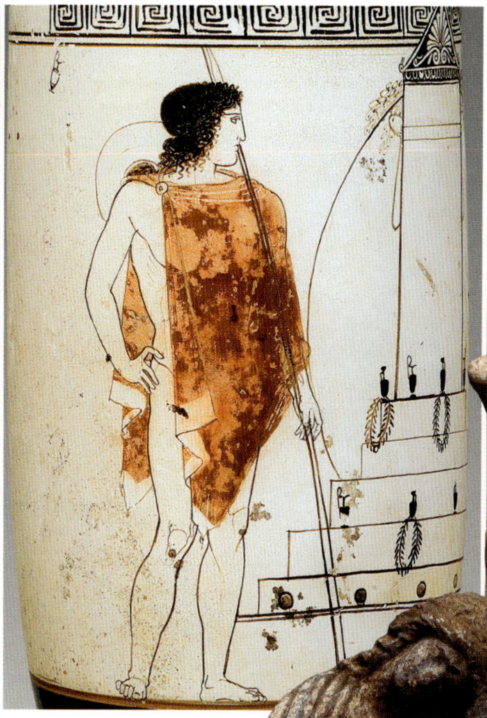

32

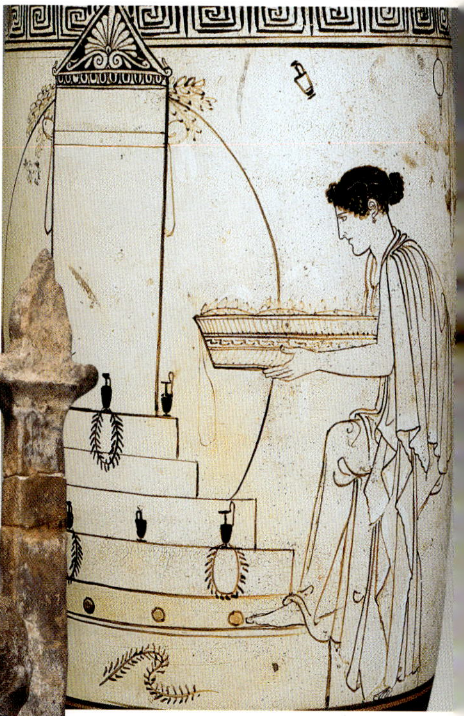

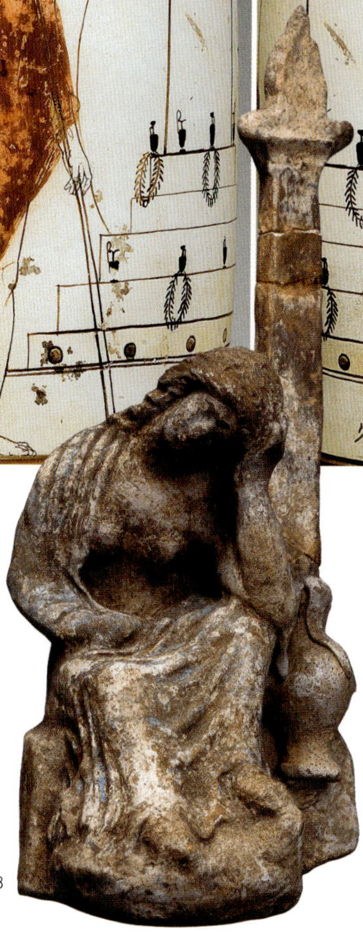

33

31 Lecito blanco. Un joven guerrero está sentado en los escalones de su tumba. Del grupo R. De Eretria. 410-400 a.C. (núm. A 1816).

32 Lecito blanco. La visita a la tumba. Obra del Pintor de Bosanquet. De Eretria. De alrededor del 440 a.C. (núm. A 1935).

33 Estatuilla de barro. Una mujer llora sentada en la tumba. En el pie de la estela funeraria se distingue la urna, la hidría que contendría las cenizas del querido difunto. De Tanagra. S. IV a.C. (núm. A 4720).

34 Ánfora panatenaica. En la 2ª cara escena de lucha en tierra. Una Nike vuela sobre el conjunto, mientras que otra observa como juez con la rama de palmera. A la derecha, un atleta suplente. Del Pintor de Atenas 12592. De Eretria. De tiempos del arconte Kalimedes, 360/59 a.C. (núm. A 20046).

35 Pixis ático de figuras rojas. Leto da a luz a Apolo bajo la Palmera en Delos. La ayudan su hija Ártemis, Atenea, Afrodita y Eros. De Eretria. 340-330 a.C. (núm. A 1635).

36 Cratera ática en forma de cáliz con figuras rojas. Una joven pensativa pesa el amor y el desamor frente a un joven que gesticula, quizás intentando cambiar el resultado de esta erotostasia (medición del amor). Del Pintor de la Erotostasia. De alrededor del 330 a.C. (núm. A 12544).

Durante el periodo helenístico existieron cambios radicales en la decoración de las vasijas. Los estilos de figuras negras y rojas, que dominaron durante más de tres siglos, fueron abandonados y Atenas pierde el monopolio que tenía hasta entonces en el mercado internacional de vasijas. Con la muerte de Alejandro Magno en el 323 a.C., y la división de su estado en reinos independientes, se desarrollan, principalmente en el Mediterráneo oriental, importantes centros de cerámica decorada por diversas técnicas y con denominaciones convencionales dedidas, la mayor parte de las veces, al lugar en que se encontraron la primera o la mayoria de las muestras de esta cerámica. Ahora el interés del alfarero se dirige más a la forma de la vasija que a la decoración, que puede ser multicolor, en relieve o impresa.

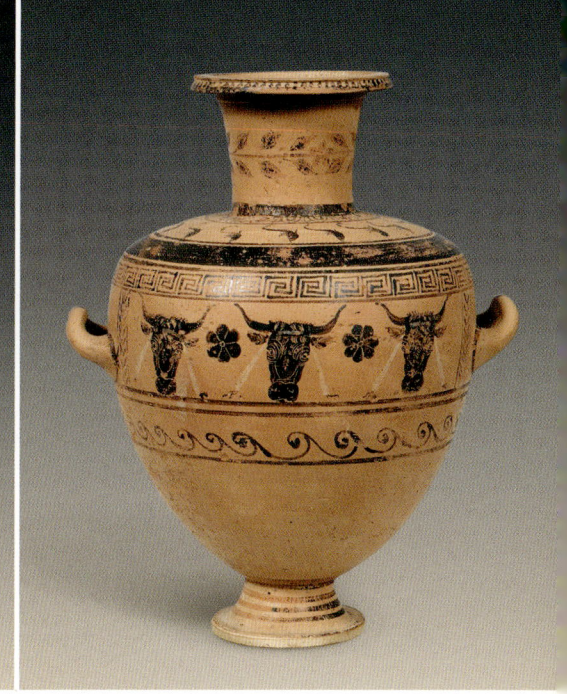

37	Detalle de cratera ática en forma de cáliz con figuras rojas. Un alegre grupo de menadas con tímpanos, sátiros con tirsos y amorcillos con coronas y tímpanos, rodean el tierno conjunto de Dioniso y Ariadna. Del Pintor de Erbach. Principios s. IV a.C. (núm. A 12490).
38	Laginos. En el hombro instrumentos musicales y coronas decoradas con barniz castaño muestran que este recipiente, una de las formas más características de la cerámica helenística, estaba destinado a simposios. De procedencia desconocida. 125-100 a.C. (núm. A 26176).
39	Cratera acampanada del estilo Gnathia con asas en forma de cabeza de león y decoración multicolor. Un cervatillo intenta morder un racimo de uvas de una abigarrada parra. Posiblemente de Lamia. 350-275 a.C. (núm. A 2260).
40	Hidría con ramas de hiedra pintadas y emblemas superpuestos. Colección de Demetrio. 200-100 a.C. (núm. A 2547).
41	Hidría del tipo Hadra con cabezas de toro. Del Pintor del Dromeas (corredor). De Egipto o de Cirene. 225-220 a.C. (núm. A 2284).

COLECCIÓN DE VASIJAS

Las Joyas de Oro

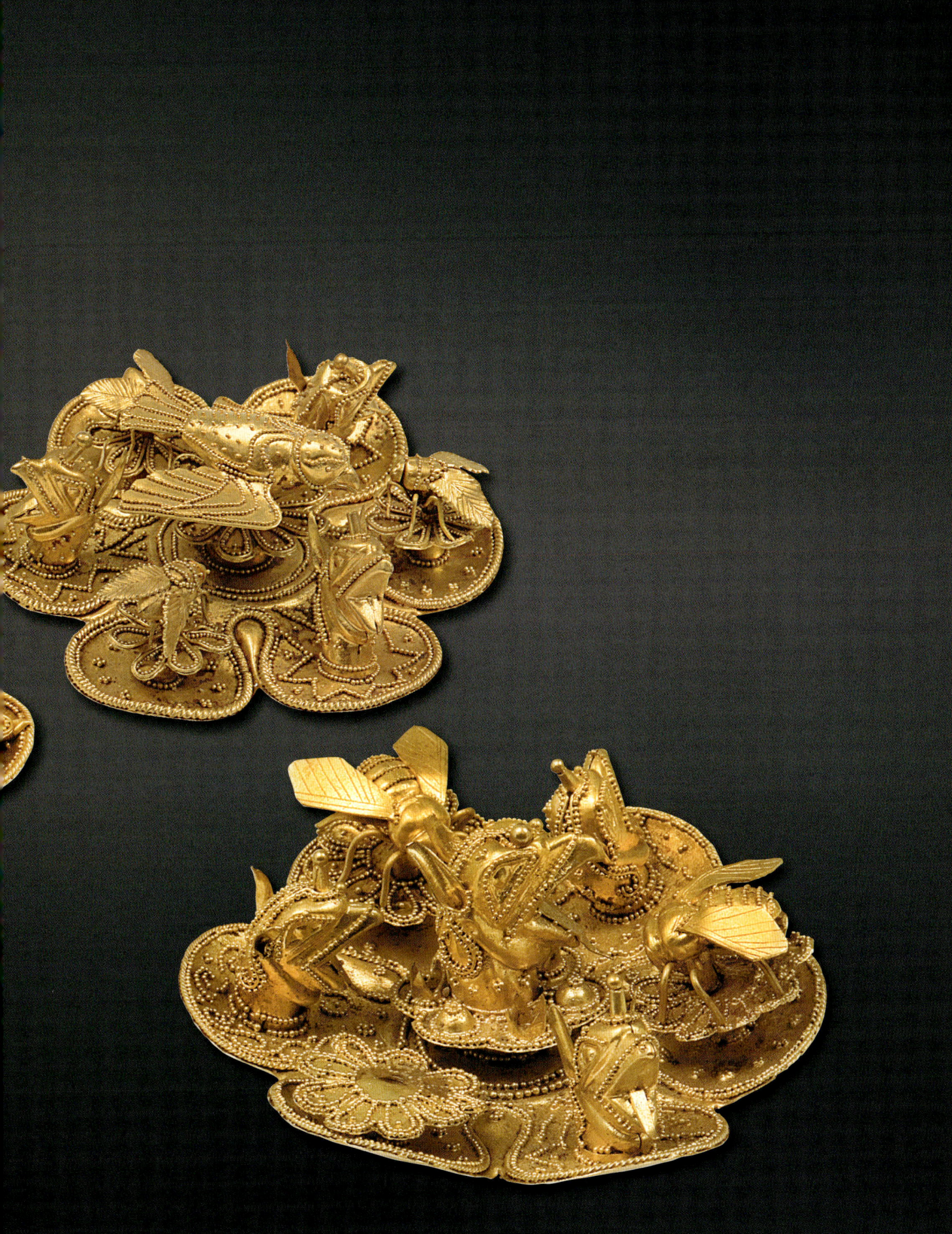

Las Joyas de Oro

Sala 62

La necesidad del ser humano de adornarse con joyas es tan antigua como su propia aparición durante la Edad Paleolítica. Las primeras joyas que se puso, tanto para gustar como para protegerse del mal, estaban hechas de conchas, huesos, dientes de animales o piedra. En el periodo Neolítico descubre el oro. Las propiedades sobrenaturales que según él posee, como son el brillo y el cálido color en combinación con el que es imperecedero y fácil de tratar, le maravillan y convierten a este metal en el bien más deseable. Lo convierte en joya que le acompaña en los momentos más importantes de su vida. Símbolo de riqueza y clase social, revela el prestigio de su dueño en las manifestaciones públicas, realza la belleza femenina en ceremonias especiales como la boda, protege a los niños del mal de ojo y les acompaña a la tumba junto al resto de las ofrendas fúnebres.

La mayoría de las joyas que se han salvado y que estaban dirigidas a las clases sociales más potentes están hechas de oro y plata, mientras que las hechas de materiales más baratos, como bronce, hierro, arcilla, masa de vidrio y hueso, y que la mayoría de las veces estaban bañadas de oro, iban dirigidas al resto de las capas sociales.

Las joyas se clasifican en dos categorías relacionadas con el modo de elaboración: las hechas de láminas forjadas y las hechas por fusión.

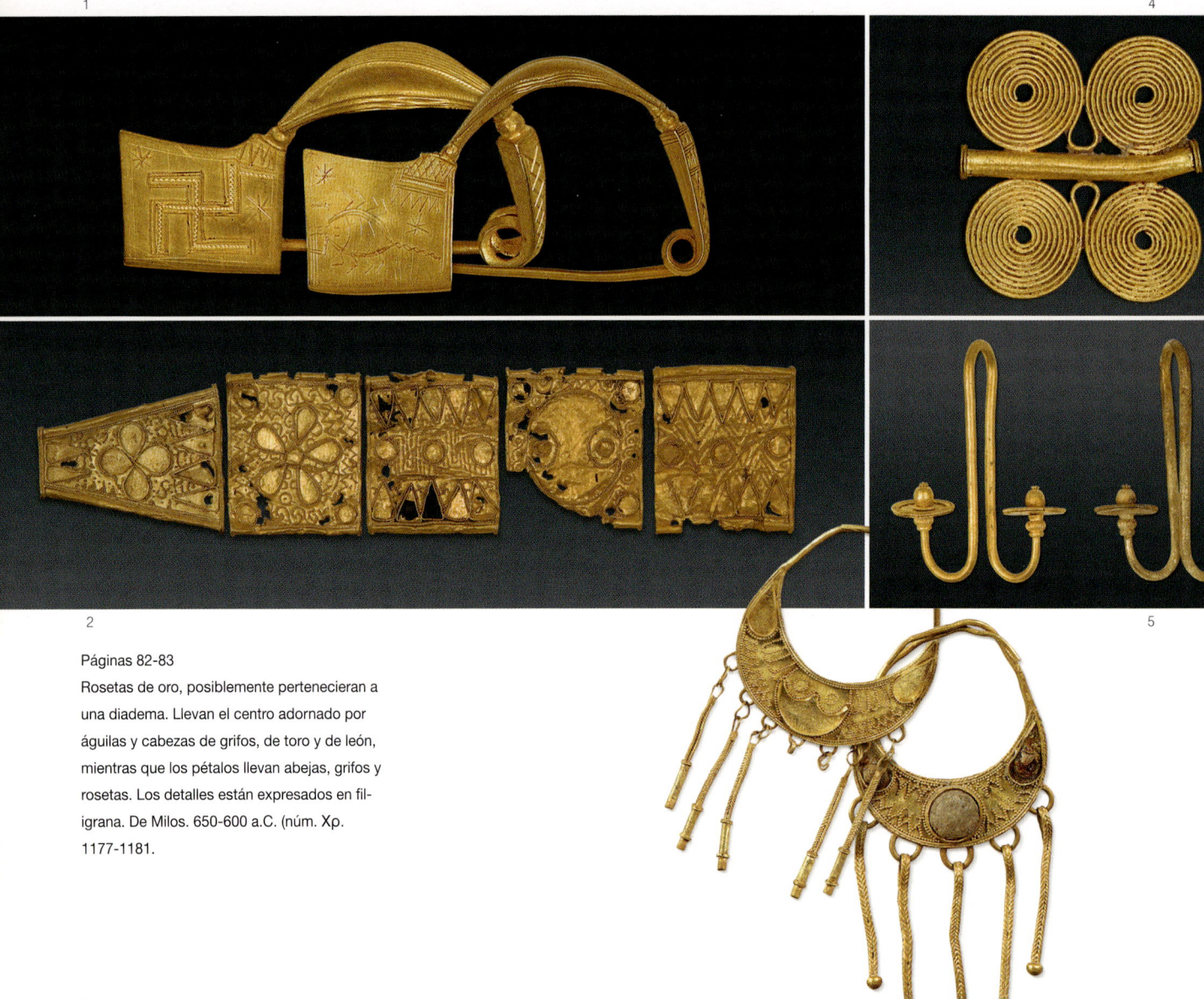

2

Páginas 82-83
Rosetas de oro, posiblemente pertenecieran a una diadema. Llevan el centro adornado por águilas y cabezas de grifos, de toro y de león, mientras que los pétalos llevan abejas, grifos y rosetas. Los detalles están expresados en filigrana. De Milos. 650-600 a.C. (núm. Xp. 1177-1181.

En las joyas forjadas el artesano forja el metal hasta obtener una lámina muy fina, que más tarde corta dándole la forma deseada, y la decora en relieve (repousse) o con grabado. La fusión era mucho menos usada en joyería por razones económicas, ya que durante la elaboración se perdía parte del metal. Para la decoración usaban la técnica del punteado, la filigrana y más tarde piedras semipreciosas. La mayoría de las joyas que se guardan en los museos y en las colecciones privadas provienen principalmente de las tumbas. Son escasas las joyas-exvotos que los fieles ofrecían a los dioses que se han conservado.

En las joyas, así como en las vasijas y el modelado, podemos seguir la historia del arte a su paso por los años históricos, desde los geométricos hasta los romanos.

La introversión y el aislamiento de los otros pueblos que caracteriza los años protogeométricos (mediados s. XI-X a.C.), está especialmente patente en la joyería. Son muy pocas las joyas que se han conservado, en especial las de oro. Alfileres y broches de bronce o hierro, elementos indispensables en el vestido, láminas funerarias, anillos, pulseras y pendientes, pasadores de pelo, todo ello confeccionado de la forma más sencilla, de lámina o alambre y adornado con motivos grabados.

Durante los siglos IX y VIII a.C., diademas funerarias con adorno impreso con temas geométricos, animales o seres humanos, principalmente de tumbas del Kerameikós, pendientes, collares y plaquetas con decoración en filigrana y punteado y con masa de vidrio o ámbar incrustados, de cementerios de Eleusis, Spata y Anavisos, muestran el nuevo florecimiento de la joyería. Este florecimiento, el resultado del término del aislamiento de los griegos y el comienzo de su relación con los pueblos y el arte de oriente no se limita sólo a Ática. Joyas de oro, plata o de electro, procedentes de Creta, de Eubea, de Corinto y más tarde de las islas del Egeo, como Milos, Thira y Rodas, dan testimonio de la existencia de talleres activos en el s. VII, talleres de producción de obras de un arte excelente con influencias de oriente.

Animales salvajes y míticos como leones, esfinges o grifos, deidades como la "Señora de las Fieras", enriquecerán el temario, mientras que las técnicas del punteado, la filigrana y cercado transformarán las joyas, tan simples hasta entonces, en las artísticas creaciones de la época orientalizante.

A pesar de que la metalurgia presenta un gran desarrollo durante el s. VI a.C., escasas son las joyas encontradas en el sur de Grecia. Al contrario, en el norte se observa un repentino florecimiento de la joyería. Del cementerio de Sindos provienen admirables muestras de la joyería macedonia, como pendientes de oro de lámina apuntillada, alfileres, collares y otros, que datan de la segunda mitad del s. VI a.C. Durante el s. V a.C. en el sur de Grecia aparecen en principio joyas de bronce y de plata y más tarde joyas de oro admirables por su arte, como son las de las tumbas de Eretria. Continuando la tradición

1 Hebillas de oro arqueadas con decoración grabada en las plaquetas. De Anavisos de Ática. De alrededor del 800 a.C. (núm. Χρ. 1514, 1515).

2 Plaquetas de oro de joya pectoral con decoración punteada, filigrana y ámbar incrustado. De Eleusis. De alrededor del 750 a.C. (núm. Χρ. 147).

3 Pendientes de oro con decoración punteada y filigrana, masa de vidrio en los engarces. De Eleusis. De alrededor del 800 a.C. (núm. A 10960 y A 10961).

4 Colgante de oro formado por cuatro espirales de Anavisos. De alrededor del 800 a.C. (núm. Χρ. 1520).

5 Pendientes de oro con colgantes en forma de disco decorados con granadas. De Milos 650-600 a.C. (núm. Χρ. 746).

6 Colgante de oro. Entre dos figuras femeninas hay animales echados. De la Cueva de Zeus (Idaion Antron). Principios s. VII a.C. (núm. Χρ. 674, sala 37A).

LAS JOYAS DE ORO 85

de la joyería arcaica, las creaciones de los artesanos clásicos causan impresión por su lujo y delicadeza, que son unas de sus características. Los temas decorativos son enriquecidos con escenas de la mitología. Los collares ahora llevan accesorios en forma de cabeza de animal, como toros o leones, mientras que las diademas llevan representaciones impresas. Los pendientes llevan una artística decoración en filigrana, los anillos, con sellos ovalados o fusiformes, llevan representaciones grabadas.

Con la subida al trono de Filipo II y la anexión de las minas de oro del monte Pangeo a su estado, la joyería macedonia conoce un enorme florecimiento y está en cabeza en territorio el griego. Ahora todos los temas son expresados con sensibilidad y fisiocráticamente, estando la mayoría inspirados en la naturaleza.

Indudablemente los cambios históricos que trajo consigo la campaña de Alejandro Magno, marcando un hito en los años helenísticos, no dejó la joyería libre de influencias. No es sólo la abundancia de oro lo que sorprende sino la creación de nuevos tipos de joyas, como los pendientes en forma de aro con colgantes con cabeza de animal, y temas como el motivo del nudo de Hércules, la corona de Isis y la media luna. Ahora

7 Collar de oro con elementos en forma de fruto y en el centro, cabeza de toro rodeada de cabezas de mujeres. De Eretria. Primer cuarto del s. V a.C. (núm. Χρ. 10).

8 Pendiente de oro. Peleo atrapa a Tetis que se transforma en león y en serpiente para escabullirse de él. De Eretria. 475-450 a.C. (núm. Χρ. 928).

9 Anillo de oro. En la piedra de coralina del anillo una Musa o una Ménada con máscara y tirso. De Gavalós de Etolia. S. II a.C. (núm. Χρ. 801).

10 Corona de oro con hojas de hiedra. De Kastellorizo. Mediados del s. IV a.C. (núm. Χρ. 1058).

11 Corona de oro con hojas de encina. De Demetriada de Tesalia. S. III/II a. C. (núm. Χρ. 1142).

el tema principal es el amorcillo que adorna pendientes, collares así como diademas. Se establece la policromía con el uso de piedras semipreciosas y masa de vidrio. Paulatinamente en los años de la Dominación Romana se observa una simplificación en cuanto a la decoración. Los elementos fisiocráticos son sustituidos por los esquematizados. El uso de las técnicas de la filigrana y del punteado disminuye al máximo, por lo contrario se adopta la técnica de la lámina perforada. Aumenta la tendencia a la policromía con el uso de piedras preciosas y semipreciosas.

12. Pendientes de oro en forma de aro con elementos en forma de paloma y granates incrustados. De Eretria. S. II-I a.C. (núm. Χρ. 613).

13. Pulsera de oro con hojas de vid circuncisas y piedras preciosas incrustadas. De Paleokastro de Tesalia. S. I a.C. (núm. Χρ. 9399).

14. Collar de oro con cuentas esféricas y diversos elementos. De Vazeia de Eubea. S. III-II a.C. (núm. Χρ. 781).

15. Collar de oro con lanzas y cabezas de león en los enganches. De Corinto. 330-320 a.C. (núm. Χρ. 1050).

16. Collar-cadena de oro con leones cornudos en los extremos. De Eretria. S. III a.C. (núm. Χρ. 11).

LAS JOYAS DE ORO 87

Estatuillas de Barro

Estatuillas de Barro

Sala 58-59

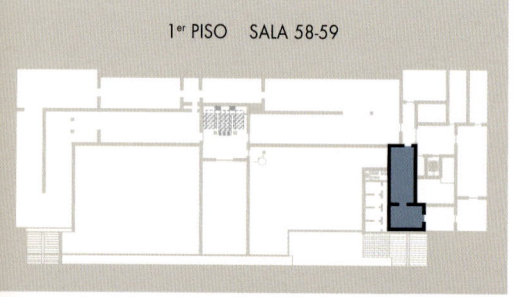

En forma de ofrendas a los santuarios, objetos funerarios en tumbas o simplemente adornos para la casa y juguetes, las estatuillas de barro superan las limitaciones que impone el mezquino material de que están hechos y se convierten en espejos de un mundo completo. Esto se hace especialmente patente en la exposición de las estatuillas del Museo Arqueológico Nacional donde, en dos salas, se presentan los talleres de modelado y su desarrollo cronológico, mientras que se da especial énfasis a las características unidades temáticas que proyectan del mejor modo posible las invenciones de su época.

Aproximadamente son 550 las estatuillas de barro expuestas, de las que unas están hechas a mano, otras con el torno o matriz, a veces en una combinación de ellos y abarcan cronológicamente desde los años geométricos hasta los romanos. Representan los principales talleres de fabricación en territorio griego (de Ática, de Beocia, de Eubea, de Creta, así como los más importantes del Peloponeso y Asia Menor) apuntando sus características especiales y las posibilidades artísticas de sus creadores.

Por medio de los objetos expuestos en la primera sala (Sala 58) se puede seguir el desarrollo de los tipos de modelado, desde los primeros que eran experimentales

Páginas 88-89
Conjunto de joven Eros y de Psique, en el hombro de la cual está sentado un pequeño amorcillo. De Mirina de Asia Menor. S. II a.C. (núm. 5081).

hasta la creación de composiciones refinadas y originales. Particular es la muestra del taller de Beocia en que, de las planas figuras femeninas con caras como de ave y los altos "polos" del s. VI a.C., nos dirigimos paulatinamente a las que llevan velo de los siglos V y IV a.C. con sus artísticos peinados, y de ellas a las conocidas tanagras que con las ricas vestimentas, los elegantes sombreros y los abanicos, caracterizan el arte helenístico. Un trayecto parecido siguen las estatuillas de jóvenes de Beocia del s. V a.C. que a menudo sostienen un gallo en la mano izquierda y que desde el s. IV a.C. evolucionan para llegar a ser los famosos "efebos" (adolescentes) de los años helenísticos, que sostienen una jaula, mientras que otras veces llevan uniforme militar, denotando así su relación con las ceremonias de iniciación para pasar de la adolescencia a la edad adulta. El taller ático, de las estatuillas acampanadas hechas a mano del periodo geométrico, pasa a crear durante los siglos VI y V a.C., el tipo de la diosa entronizada (quizás de la misma Atenea) con la corona en la cabeza, así como el de la figura femenina de pie que lleva en el pecho una flor o un fruto, tipo que supone la versión en barro de las estatuas de mármol de las kores arcaicas. Al contrario, los talleres del Peloponeso, excepto los de Corinto que siguen la rica producción de estatuillas de los otros grandes centros de modelado, conservan las sencillas y a veces "primitivas" figuras, sin atreverse a renovar los tipos.

Quizás la unidad más impresionante de la exposición sea la de estatuillas de barro de Mirina de Asia Menor, que ocupa casi toda la segunda sala (Sala 59) y que fue donada al Museo Nacional en 1884 por Ioannis Mistos. Sus talleres de modelado, en un principio influenciados (a mediados del s. III a.C.) por la producción de Beocia y Ática, y más tarde (200-150 a.C.) por la de Alejandria y Pérgamo, producían estatuillas que impresionan por su vitalidad y variedad, reformando a menudo tipos esculturales. Nikes con conchas, incensarios y pergaminos enrollados, amorcillos que unas veces vuelan llevando antorchas o fiales y otras juegan tiernamente con animales, figuras

1. Copia de carro de guerra con dos jinetes. Obra de un taller de Beocia. De procedencia desconocida. De alrededor del 550 a.C. (núm. 4082).

2. Estatuilla plana de una figura femenina sentada, con cara de ave. Obra de un taller de Beocia. De Tanagra. 560-550 a.C. (núm. 4304).

3. Estatuilla plana de una figura femenina con polo alto en la cabeza. Obra de un taller de Beocia. De Tanagra. 575-550 a.C. (núm. 4009).

4. Figura masculina sentada con un animal en los hombros. Obra de un taller del Peloponeso. De Neda (Bérekla) de Élide. S. VI tardío a.C. (núm. 13079).

5. Estatuilla de mujer entronada con las manos apoyadas en las rodillas. Obra de un taller ático. De Tanagra. 525-475 a.C. (núm. 4528).

6. Estatuilla de joven con artístico peinado y corona en la cabeza y una oca en la mano izquierda. Obra de un taller de Beocia. De procedencia desconocida. 400-350 a. C. (núm. 12672).

7. Estatuilla de figura femenina que tira de una cinta de una canasta. Obra de un taller de Beocia. De Tanagra. Finales s. V / principios IV a.C. (núm. 5808).

8. Estatuilla de figura femenina con "skiadio" (sombrero ancho y puntiagudo). Obra de un taller de Beocia. De Tanagra. 260-190 a.C. (núm. 4589).

ESTATUILLAS DE BARRO 91

femeninas, diosas (a menudo del tipo de Afrodita) y mortales, músicos y danzantes, son muestras del excelente arte de una época que floreció hasta principios del s. II d.C. (ya que en el 106 d.C. la ciudad fue destruida por un terremoto).

Una especial y extremadamente encantadora categoría la componen las estatuillas relacionadas con el teatro. Máscaras de teatro y diversos tipos de actores de las Comedias Antigua, Media y Nueva, revelan el interés de los antiguos por la experiencia teatral, mientras que los caracteres teatrales que presentan se mantuvieron inalterables en las costumbres de la comedia europea hasta los años modernos.

Una particular unidad de la exposición la componen las estatuillas, que con intenso realismo, muestran escenas de la vida cotidiana, en especial trabajos caseros y agrícolas, mientras que un gran número de estatuillas referidas al mundo de los niños, impresiona por su variedad temática. Una categoría especial es la que está compuesta de conjuntos y composiciones relacionados con la música y la danza, como sectores inseparables de la cultura y la enseñanza del ciudadano.

9 | Actor de la Nueva Comedia tocando címbalo hace el papel de un joven (quizás sea Kólakas). De Mirina de Asia Menor. S. II a.C. (núm. 5060).

10 | Estatuilla de Afrodita que lleva un espejo plegable (espejo con tapa). Obra de un taller de Beocia. De Eretria. S. III temprano a.C. (núm. 4137).

11 | Estatuilla de una figura femenina (Musa o Afrodita) sentada en una roca. De Mirina de Asia Menor. S. II a.C. (núm. 4962).

12 | Estatuilla de Nike volando con una corona en los cabellos. En una de las alas lleva la inscripción KPATH y en la otra KPATHPA. De Mirina de Asia Menor. S. II a.C. (núm. 5085).

| 13 | Estatuilla de un amorcillo adolescente desnudo. De Mirina de Asia Menor. De alrededor del 200 a.C. (núm. 4947). |

| 14 | Estatuilla de Nike con corona en los cabellos. De Mirina de Asia Menor. S. II a.C. (núm. 5102). |

| 15 | Conjunto de figuras femeninas. Una de ellas está sentada en las rodillas de la otra. De Mirina de Asia Menor. S. I a.C. (núm. 4986). |

ESTATUILLAS DE BARRO 93

El Vidrio Antiguo

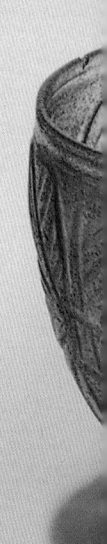

El Vidrio Antiguo

Sala 63

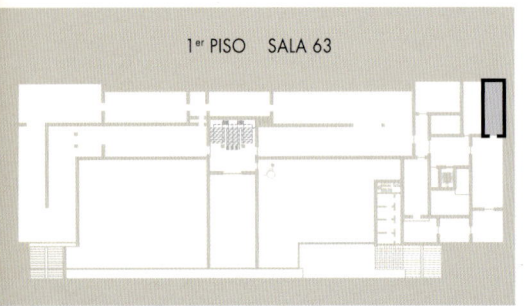

El cristal fue uno de los materiales preferidos durante la antigüedad para la confección de vasijas y joyas. La policromía, la transparencia, la posibilidad de imitar piedras preciosas y semipreciosas lo llevaron a ser artículo de lujo equiparándolo a los metales valiosos. Valiosos recipientes de vidrio o joyas engarzadas con oro, incrustaciones en muebles de gran valor, kilix etéreos y skifos, frágiles esencieros y pixis, grandes urnas funerarias, conferían prestigio a su propietario, embellecían su vida y le acompañaban a la tumba.

Conocido por los miceneos como kianos, vuelve a aparecer más tarde en los cantos de Homero determinando el brillante material de color profundo, mientras que en las edades clásica y helenística se compara con piedra o cristal, llamándole piedra fundida y vidrio.

El arte de fabricar objetos de vidrio nació del fuego. El descubrimiento, quizás fortuito, del vidrio hace 5000 años en Mesopotamia fue debido posiblemente a ensayos en el empeño de fabricar terracota o cerámica vidriada. Su principal componente es la arena de sílice, metales alcalinos, carbonato sódico o potasa y cal. De la mezcla y la fusión de los materiales resultó el vidrio crudo con el característico color azul turquí debido al

Páginas 94-95
a) Skifos hecho en matriz con ramas de olivo en relieve que salen de la vasija. Se encontró en el Naufragio de Anticitera. S. I a.C. (núm. 23712).
b) Gran urna funeraria con asas dobles y tapa. Está soplada en matriz múltiple. S. I-II d.C. (núm. 23727).
c) Gran fiale con nervadura hecha en matriz. De procedencia desconocida. S. I a.C. (núm. 12522).
d) pequeño kilix incoloro con pie bajo. En las dos caras lleva grabadas representaciones de amorcillos que montan un caballo marino y un grifo. Fue encontrado en Sifnos. Finales s. I-principios s. II d.C. (núm. 16275).

1, 2 Pequeñas vasijas de vidrio, esencieros, fabricadas con la técnica del núcleo.
a) Enocoe de Eretria. 475-425 a.C. (núm. 12755).
b) Anforilla 500-475 a.C. (núm. 2960).
c) Aríbalo. De Atenas. 475-425 a.C. (núm. 2698).
d) Anforilla. De Atenas. 475-425 a.C. (núm. 2696).

3 Diversos esencieros fabricados con vidrio soplado
a) Esenciero cónico S.I d.C. (núm. 2680).
b) Aríbalo esférico S.I d.C. (núm. 2688).
c) Cantimplora puntiaguda S. III d.C. (núm. 14738).

hierro contenido en sus componentes. Añadiéndole óxidos metálicos o de otro tipo se podía decolorar y a continuación darle diversos colores como por ejemplo azul profundo, si se mezclaba con cobalto o rojo profundo si se mezclaba con manganeso. El resto de la elaboración era realizada por expertos vidrieros que, durante su historia secular desarrollaron tres técnicas básicas, en principio la del núcleo y la de la matriz y desde el s. I a.C. la del soplado.

Las vasijas más tempranas que se han conservado (s. XVI-XV a.C.) provienen de Mesopotamia y de Egipto, tienen un profundo color azul y están fabricadas con la técnica del núcleo, mientras que las joyas contemporáneas de ellas son principalmente cuentas fundidas en una matriz abierta. Escasos son los recipientes de vidrio de los siglos VIII

4 | Pequeños utensilios hechos de vidrio soplado libre, o de vidrio soplado en matriz. La pequeña jarra lleva decoración de cordones de vidrio superpuestos. S. I-IV d.C. (núm. 9742, 25076, 9741, E1621, 14738).

EL VIDRIO ANTIGUO 97

5 a) Ver fotografía anterior. 12522
b) Cubo hecho en matriz. En los orificios de los dos lados estaría adaptada el asa de bronce. De Chipre. Finales del s. IV a.C. (núm. 12297).
c) Utensilios hechos de vidrio que imita ágata. Se encontraron en Paleokastro de Tesalia. S. II-I a.C. (núm. 14262a y 14261).
d) Fiale con lóbulos prominentes. Fue encontrada en el Naufragio de Anticitera. S. I a.C. (núm. 23714).
e) Jarra sin asas de vidrio soplado. De Esmirna S. I d.C. (núm. 2932).
f) Gran vasija de fondo puntiagudo de vidrio soplado (núm. 18023).
g) Esencieros esféricos con decoración superpuesta. De las Termópilas. Finales s. II d.C. (núm. 11698-9).
h) Jarra sin asas con decoración de cordones de vidrio superpuestos. S. II-III d.C. (núm. 12296).
i) Skifos del Naufragio de Anticitera. S. I a. C. (núm. 23713).

y VII a.C. principalmente skifos fabricados en matriz. Durante el s. VI a.C. el mundo antiguo se ve inundado por pequeños esencieros multicolores y brillantes fabricados con la técnica del núcleo. En los s. V y IV a.C. al tiempo que la técnica del núcleo, se desarrolla la de fundido en matriz. De este modo se fabrican vasijas de vidrio que son copias exactas de las de barro. El rebuscamiento y el lujo que caracterizan los años helenísticos están también patentes en el arte del trabajado del vidrio. Las creaciones de esta época son vasijas trabajadas con detalle, recipientes adornados de oro e imitaciones de piedras preciosas. A mediados del s. I a.C. el descubrimiento del fuelle y la fácil fabricación del vidrio soplado hará que los recipientes de vidrio pasen, de ser un escaso tipo de lujo, a ser accesibles a la mayoría de los estratos sociales.

Los recipientes de vidrio que están expuestos en la Sala 63 de la 1ª planta provienen de diversas zonas de la Grecia continental e isleña y cubren cronológicamente desde los años geométricos hasta los años bizantinos tardíos. Agrupadas, bien según conjuntos por excavación, como son los hallazgos de Paleokastro de Tesalia y el Naufragio de Anticitera, bien por técnicas y formas cuando son hallazgos aislados o donaciones, muestran los conocimientos técnicos, la maestría y la inspiración del vidriero antiguo.

[6] Pequeños skifos que compaginan la técnica del mosaico con la de millefiori y la de la puntilla. Del Naufragio de Anticitera. S. I a.C. (núm. 23719, 23723).

[7] Esencieros de vidrio, posiblemente hisopos, con decoración "dibujada". Se encontraron en una tumba en el teatro de Dioniso. De Atenas. S. XIV d.C. (núm. 2759-2761).

EL VIDRIO ANTIGUO 99

Colección Vlastós-Serpieris

Colección Vlastós-Serpieris

Salas 60-61

Miguel P. Vlastós (1874-1936) nació y murió en Atenas. Sin embargo fué un griego de la diáspora. Vivió en los Estados Unidos, en Gran Bretaña y principalmente en Marsella. Era un burgués con una amplia educación al que caracterizaba el instinto del coleccionista. Aún siendo autodidacta, poseía un profundo conocimiento arqueológico. En aquella época el código moral de la colección de antigüedades era muy diferente al actual. El modo de adquisición de las antigüedades y la colaboración con anticuarios no eran desaprobados por ninguno de los miembros de la sociedad científica. Lo que diferencia a Vlastós de los otros coleccionistas es que él mismo clasificó metódicamente la colección y publicó muchos estudios numismáticos.

Al tiempo que ejerce su actividad de coleccionista e investigador tuvo un papel principal en 1934 en la fundación de la Sociedad de Amigos del Museo Arqueológico Nacional. La Colección fue entregada a la Administración pública griega en 1988 por la familia de Ioannis Serpieris, propietaria legal de la misma, tras la muerte de la hija de Miguel Vlastós, Penélope-Julia Vlastós-Serpieris.

Las cuatrocientas cincuenta y una (451) obras de arte antiguas expuestas datan desde el 3000 a.C. hasta el s. III a.C. temprano. La mayoría provienen de Grecia,

Páginas 100-101.
Detalle de coe de figuras rojas (p. 103, fig. 4).

1 Hidría protoática. En el cuello hay representación de esfinges. El cuerpo principal está ricamente decorado con palmetas y brotes espirales. En el reborde de la boca lleva pegada una serpiente en relieve, que muestra el uso funerario de la hidría. Se atribuye al Pintor del Mediterráneo. De Ática (Kalivia) 700-690 a. C. (núm. BΣ 67).

2 Enocoe con boca en forma de trébol. En la franja del hombro un león y una pantera que descuartizan un ciervo. En el cuerpo principal un grupo de cabras-montesas se dirige hacia la derecha. El enocoe, obra de un taller oriental-jónico (quizás de Mileto), se atribuye al Estilo de las Cabras-Montesas. De Kámeiros de Rodas. 630-600 a.C. (núm. BΣ 185).

sobre todo de Ática, siendo especialmente importante la colección de antigüedades de Tarento de la Magna Grecia.

En la primera sala están expuestos objetos que datan desde el 3000 a.C. hasta el 480 a.C. de diversos talleres así como objetos, impresos y material de supervisión del archivo de Vlastós, relacionados con su personalidad y con la conformación de su Colección.

Los productos del taller ático cubren cronológicamente su historia y desarrollo desde el s. IX a.C. (periodo geométrico temprano) hasta principios del s. III a.C. Destacan las tres hidrías del Pintor de Mesogeia **(vitr. 6)** ejemplos representativos de la transición del estilo geométrico de decoración al orientalizante temprano y las tablillas funerarias de barro de figuras negras **(vitr. 8)** que son parte de la decoración de los grandes monumentos funerarios. Desafortunadamente ninguno de ellos se encontró en correlación de excavación con el monumento al que pertenecía. Algunos estaban apoyados sobre el monumento mientras otros, por regla general menores, llevan orificios de enganche. Parece ser que formaban parte de un friso con exposición o comitiva de despedida al difunto.

3 Sección de cuadro funerario ático de figuras negras. Están representados dos hombres con barba que se dirigen hacia la derecha cantando una canción fúnebre. Los dos hombres levantan la mano derecha como muestra de despedida del difunto. Se atribuye a Lidos. De Spata de Ática. 550-540 a. C. (núm. BΣ 512).

4 Congio de figuras rojas. Un padre coloca al niño en la cuna. Remite a la celebración ateniense de las Antesterias que duraba tres dias y que tenía lugar en el mes de Antesterion (febrero). Era la fiesta del renacimiento de la naturaleza y de los difuntos en honor de Dioniso Limneo y de Hermes Ctónico. Del Pintor de Eretria. De Ática. 430-425 a.C. (núm. BΣ 319).

5 Matriz para la construcción de disco votivo de barro con los símbolos de Helios (el sol), Selene (la luna), del Dodekatheo (doce dioses del Olimpo), de los Dioscuros, así como objetos mágicos. En el contorno orificio para su sujeción. De taller tarentino. De Tarento. 350-250 a.C. (núm. BΣ 627).

De entre la producción de la alfarería ática del periodo arcaico tardío destaca el pixis del tipo llamado de Nikosthenes, de Kalivia de Ática, con representación de comitiva de boda entre dioses (vitr. 10, núm. 10), mientras que especialmente rara es la forma del psykter con escena de la Gigantomaquia (vitr. 12, núm. 1).

Un grupo de vasijas muy particular es el de los coes, los característicos enocoes ceremoniales que usaban los atenienses en las Antesterias (fiestas de las flores). Todos ellos datan de la segunda mitad del s. V a.C. Los coes de menor tamaño iban dirigidos a los niños. Por esta razón llevan representaciones relacionadas con las actividades propias de ellos, es decir, llevar o intentar agarrar su congio, ocuparse de su animal doméstico preferido, llevar vestiduras de fiesta y transportar dulces (ver núm. 1-4, 10-15, 18-22). Los coes de mayor tamaño iban dirigidos a los adultos. En tres de ellos, obras eminentes del Pintor de Eretria, está patente el elemento trágico y religioso. En el congio de Kalivia de Ática (núm. 7) está representado un joven sentado entre una figura de hombre y otra de mujer, quizás sean Orestes, Pílades e Ifigenia. En el congio de Koropí un padre coloca a su hijo en una hamaca durante la ceremonia de purifica-

6 Pixis àtico Nicoscénico de figuras negras. En el cuerpo principal un cortejo nupcial divino. Sobre un carro una pareja de recién casados (Peleo y Tetis), van acompañados de deidades (Hermes, Atenea, Zeus), y cuatro canéforas (portadoras de cestos). En la tapa representación de la vida familiar. De Kalivia de Ática. 500 a.C. (núm. BΣ 55).

7 Detalle de congio àtico de figuras rojas. En et centro un hombre joven está sentado comodamente en una banqueta. En su brazo alzado sujeta su jabalina. Le rodean un joven a la izquierda y una mujer a la derecha. Del Pintor de Eretria. De Kalivia de Ática. 420-415 a.C. (núm. BΣ 320).

8 Detalle de tapa ática de figuras rojas con escena de gineceo, en el que están representadas nueve mujeres realizando labores domésticas. La gran puerta indica que se trata de una casa. Garza, una mujer de pie y otra sentada que sujeta derecho un telar. De la Técnica de Esón. De Koropi de Ática. 430-410 a.C. (núm. BΣ 58).

ción (núm. 8). En el congio de Anavisos (núm. 9) están representadas las preparaciones para la fiesta dionisiaca. En el centro está colocado el *liknon* (cuna) con la máscara de Dioniso adornado con hojas de hiedra y, a su alrededor, dos mujeres con un niño que lleva una bandeja con ofrendas, cántaro y antorcha. Particularmente importante para la historia del teatro es otro congio de Anaviso que se atribuye al llamado Grupo de Danza de Perseas (núm.6). En esta vasija tenemos una de las más antiguas representaciones de la estructura de un escenario de teatro. Un actor que interpreta el papel de Perseas baila en la escena. Los dos hombres sentados son posiblemente los jueces o el concesionario y el maestro de la representación.

La Colección termina con una especial categoría de objetos que provienen de la Magna Grecia, la mayoría de Tarento (vitr. 18-19). Entre ellos se encuentran muestras de la rica tradición local del moldeado, placas con gorgonas en relieve, que proceden del revestimiento de las paredes laterales de tumbas de barro y una serie de acroteras indicativas de la producción de la alfarería de la gran colonia espartana que fue fundada en el 706 a.C.

9 Enocoe ático de figuras rojas con boca atrebalada. Una Nike alada con enocoe y cesta de ofrendas está frente al ara con devoción. En este periodo las representaciones de Nikes aladas en las vasijas áticas son más frecuentes por razón del desenlace victorioso de la Guerras Médicas. Del Pintor de Enocles. Posiblemente de Anavisos de Ática. 470-460 a.C. (núm. BΣ 56).

10 Detalle de congio de figuras rojas. Preparación de fiesta dionisiaca. Cuna con máscara de Dioniso y hojas de hiedra. Dos mujeres y un niño con disco de ofrendas, cántaro y antorcha. La representación hace referencia a las fiestas de Dioniso en el Parnaso. Del Pintor de Eretria. De Anavisos de Ática. 425-420 a.C. (núm. BΣ 318).

11 Detalle de lecito ático de figuras rojas. A la izquierda Apolo lleva en la mano izquierda una cítara y en la derecha una fiale. Frente a él una mujer, posiblemente Ártemis, hace una libación con un enocoe. Del Pintor de Atenas 12778. De Kitsi de Ática. 470-460 a.C. (núm. BΣ 21).

La Colección Chipriota

La Colección Chipriota

Sala 64

La Colección Chipriota del Museo Arqueológico Nacional comenzó gradualmente a ser formada desde el s. XIX por compras de la Sociedad Arqueológica y donaciones de coleccionistas. A principios del siglo XX continuó su enriquecimiento por medio de compras, donaciones, así como a través de programas de intercambios oficiales de antigüedades.

En 2009 el Museo Chipriota de Nicosia prestó al Museo Arqueológico Nacional cinco obras en bronce con ocasión de la exposición permanente de la Colección Chipriota, la cual se presenta por primera vez al público.

Esta colección cuenta hoy aproximadamente con 850 obras de las que están expuestas 180 y que representan todos los periodos cronológicos de la historia y arte chipriotas desde la Edad Temprana del Bronce (aprox. 2500 a.C.) hasta la Edad Romana (s. IV d.C.).

Crisol de corrientes culturales, por razón de su situación geográfica sin par y los ricos yacimientos de bronce, Chipre puede hacer alarde de una cultura excepcional que, aunque adoptó muchos elementos de las culturas de oriente, consiguió conservar su peculiaridad durante su historia secular.

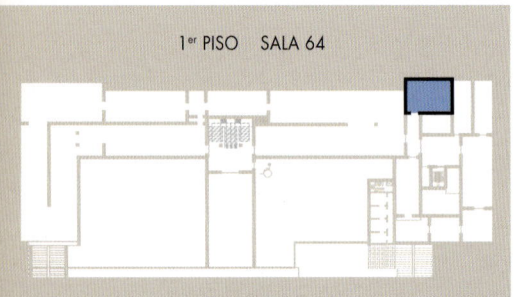

1er PISO SALA 64

Página 107.
Cabeza de estatua de kuros de tamaño mayor al natural. El modo de expresión del peinado, la plasmación de los volúmenes de la cara, los expresivos ojos almendrados y la leve sonrisa, hacen patente la influencia de la técnica jónica. S. VI temprano a.C. (núm. 1832).

1 Jarra de cuello alto y jarrita con boca doble, vasijas representativas de la técnica del lustrado en rojo decoradas con dibujos geométricos abstractos grabados. Las incisiones están rellenas de color blanco. Periodos Protochipriota II y Chipriota Medio II (2000-1725 a.C.). (núm. 19526, 12046, 11966).

2 Jarritas de la técnica del lustrado en negro. En contraposición con la técnica del lustrado en rojo, aquí la vasija tiene color negro y los motivos de decoración están rellenos de color blanco (cal) creando contraste. Periodo Chipriota Medio I-II (1900-1725 a.C. (núm. 11894, 11895, 11896).

Con sus naves que surcaban los mares los aqueos miceneos atravesaron el Egeo para comercializar el valioso metal, y estos primeros griegos, emigraron del Peloponeso a finales del s. XIII a.C. para crear una colonia en la isla. Desde entonces, la cultura de Chipre está inquebrantablemente unida a la cultura griega y la isla está bajo la protección de Afrodita, la Cipria de Homero.

Durante todo el 1er milenio a.C. la cultura de Chipre se consolida y se construye basándose en la griega y sus diez reinos, a que hacen alusión las fuentes, conservan su florecimiento a pesar de los sucesivos dominios asirios, egipcios y persas.

El matiz griego de la cultura de la isla en todos los sectores se detecta ya desde la época de Homero quien asegura que Salamina, el reino de Chipre más importante tanto cultural como políticamente, había sido fundada por el héroe de la guerra de Troya, por Teucro de Salamina del golfo Sarónico, asi como en la lengua que está basada en el dialecto arcádico, en el poema épico chipriota del poeta Stasinos, en el levantamiento común de chipriotas y griegos de Jonia contra los persas en el 499 a.C., en la escultura y los cultos.

Por medio de los 180 objetos expuestos se dan a conocer las variadas facetas de

3 Jarra de cerámica dibujada en blanco con cuerpo oval y una pequeña base. El cuerpo de la vasija está adornado por líneas verticales, en zigzag y bandas, sobre un fondo blanquecino, mientras que el cuello está rodeado por bandas horizontales paralelas. Periodo Chipriota Medio II (1800-1725 a.C. (núm. 12044).

4 Pequeño enocoe con boca en forma de trébol de la cerámica dibujada en blanco IV, con decoración de un pájaro en color marrón sobre un fondo blanquecino. Periodo Chipriota Arcaico I (750-600 a.C. (núm. 12214).

5 Gran ánfora de cerámica bicolor. En el cuerpo y el cuello motivos geométricos y flores de loto. Periodo Chipriota Arcaico I (750-600 a.C.) (núm. 4100).

LA COLECCIÓN CHIPRIOTA 109

la vida de los antiguos chipriotas, como la religión, el arte y el comercio, mientras al tiempo se demuestra el carácter especial de la cultura chipriota, así como sus vínculos perpetuos con la griega.

El visitante puede ver vasijas prehistóricas y arcaicas decoradas con colores luminosos y motivos geométricos, así como impresionantes estatuillas votivas multicolores, hechas de barro y que representan jinetes, fieles y deidades. Para finalizar, son características las esculturas chipriotas de patente influencia griega que representan soldados, figuras infantiles y deidades, entre las que predominan Afrodita y Hércules.

| 6 | Estatuillas femeninas de barro con cara de ave, inspiradas en originales sirios. Periodo Chipriota Tardío II (1450-1200 a.C.). (núm. 22654, 14646). |

| 7 | Copia de carro de barro con dos caballos en un plinto único. En el carro van dos guerreros y el auriga. De alrededor del 600 a.C. (núm. 17376). |

| 8 | Estatuilla de jinete con decoración dibujada. Es de destacar la posición del guerrero que monta de costado. Periodo Chipriota Arcaico I (750-600 a.C.) (núm. 12202). |

| 9 | Estatuilla de una comadrona sentada con una mujer representada en el momento del parto, y la estatuilla de kurotrófa (niñera) de pie. S. V a.C. (núm. 12205, 12388). |

| 10 | Cabeza femenina. Lleva artísticos pendientes y una alta diadema con rosetas en relieve y flores de loto. Proviene de la estatua de la Gran Diosa de Chipre, Afrodita. Primera mitad del s. V a.C. (núm. 66). |

|11| Estatuilla de una figura femenina de pie, vestida con quitón hasta los pies. Es especialmente alta, con pequeña cabeza y brazos largos, aunque no está desarrollada a fondo. Lleva un collar y la mano en el pecho sujetando algún símbolo u ofrenda. 2ª mitad del S. VI a.C. (núm. 1974).

|12| Cabeza y tronco de estatuilla de Hércules. Hércules que era especialmente adorado en Chipre, está representado vestido y en la cabeza lleva la piel de león que le cubre los hombros y está atada en el pecho. Mediados del s. V a.C. (núm. 4894).

IMÁGENES DE LA PORTADA
Izquierda: Envoltura de la cara de la momia de Nespasakuti. (pág. 54-55).
Estela funeraria de Aristión, 510 a.C. (núm. índ. 29).
Composición de Dioniso ebrio del "tesoro de Karpenisi" (pág. 64, fig. 10).
Relieve arquitectónico en piedra porosa de la Acrópolis de Micenas (pág. 32, fig. 1).
Exvoto en relieve, hacia 460 a.C. (núm. índ. 3344).
Estela funeraria de Salamina (pág. 37, fig. 13).
Detalle de epinetro ático de figuras rojas (pág. 77, fig. 26).
Estela funeraria de un joven (pág. 39, fig. 17).
Pequeños discos de oro y máscara funeraria de oro, de Micenas (pag. 23, 25, fig. 37, 43).
Detalle de hidría de bronce, de Fársala de Tesalia (pág. 52, fig. 24).
Detalle de lutroforos ático de figuras rojas (pág. 78, fig. 28).

PROCEDENCIA DE IMÁGENES
Archivo fotográfico del Museo Arqueológico Nacional.
Archivo fotográfico de la Excavación del Cabo de Thiras.
Archivo fotográfico de Ediciones Kapón.

FOTÓGRAFOS
Dimitris Benetos, Klaus-Valtin von Eickstedt,
Giorgos Fafalís, Jristos Iossifidis – Giorgos Mutevelís,
Moisés Kapón, Sócrates Mavromatis,
Irene Miari, Iannis Patrikianos,
Makis Skiadaresis, Konstantinos Xenikakis.

SUPERVISIÓN ARTÍSTICA: RAQUEL MISDRAJÍ-KAPÓN
ASESOR ARTÍSTICO: MOISÉS KAPÓN
DTP: ELENI VALMA, MINA MANTA
ELABORACIÓN DE IMÁGENES: MIJALIS TZANNETAKIS
IMPRESIÓN - ENCUADERNACIÓN: PRINTER TRENTO, TRENTO, ITALIA

PAPEL: GARDA GLOSS 135 GR